# 浏河天妃宫

## Liuhe Tian Fei Palace

太仓市天妃宫管理委员会　编著

文物出版社

# 编委会

# 序

　　江苏省太仓市浏河镇的天妃宫，当地人称娘娘庙，它供奉的神主原名林默。

　　林默生于宋建隆元年（960）农历三月廿三，现今福建省莆田市的一个林姓官宦家庭。因这姑娘出生弥月不会啼哭，故取名默，小名默娘。娘在八闽是女子、女孩的意思。传说默娘天生异秉，后又遇道缘，十六岁那年，她的父兄出海遇上风暴，命悬一线，其初显神灵。此后，莆田渔民、商船每遇海难，默娘均会显灵施援，化险为夷。宋雍熙四年（987）农历九月初九，正值台风，默娘又如往常，巡逻海上，却不幸罹难。

　　我国东南沿海，向来是个多信奉神灵的地区，尤其是在八闽，当地人感念某人的善行，往往会奉为神灵，加以供奉。默娘长期济困救难、治病消灾，因此广受其惠的众乡亲，很自然地为她专筑了一座庙观祭祀，以纪念和传布她的恩德。神奇的是，自此之后默娘也确不时显灵，解救了无数百姓的危难疾苦。时间长了，有关默娘神奇的传闻不但在民间得到了广泛传颂，也传到了朝廷。宣和五年（1123），皇帝赐林默庙庙额为"顺济"，绍兴二十六（1156）年册封其为"灵惠夫人"。此后数百年间，林默为历朝历代的皇帝先后加封三十六次。最近一次是咸丰皇帝的加封，全称共计六十四字。但民间的习惯还是称其为妈祖、天妃、天后，或者更亲近的称呼——娘娘。

传说祭祀妈祖十分灵验，渐渐地她成为了中国东南沿海的保护神。大约在宋仁宗景祐年间，随着苏州知府范仲淹疏浚沪漕塘以通娄江，即以娄江贯通长江与一代大都会苏州的水上交通，自此之后，刘家港"海舶交错入口，商旅驻足，异货盈衢"。几乎与此同时，妈祖信仰也由闽粤海商传入到了地处娄江口的太仓地区。据志书记载，浏河的天妃宫便是由寓居于此的闽粤商人于北宋宣和五年（1123）兴建的。

浏河天妃宫始建于娄江口北岸。元至元二十三年（1286）迁"建天妃行宫于沪漕口东"，元至正二年（1342）三迁于灵慈寺旧址，名灵济宫，后历经兵灾水患，几度修复重建。1985 年和 2018 年，鉴于现存天妃宫主体建筑寝宫为明代建筑，已有六百多年的历史。大殿遗址及周围土层，保有宋元明清建筑、道路遗存和大量出土文物，国家和地方政府先后两次拨款组织大修。2013 年，国务院将其列为全国重点文物保护单位。

浏河天妃宫建立时代悠远，宫观建筑规模宏大，构件讲究，雕刻精美。据史料记载，此宫"名倾东南"，为钱塘江以北规模最大之妈祖庙。这是其被列为全国重点文物保护单位的重要原因。除此之外，它被评为国保，还因其"誉满海外"，具有极为丰富的历史文化价值。对此，本书作了详尽的叙述和通透的介绍。通读之余，我对以下三条印象尤为深刻：

一为浏河天妃宫是妈祖文化传布内陆北上的重要节点。据文献考证和实地考察，元明时期，长江中下游的大米、丝绸、茶叶、锡铜器等众多日用品，多沿水路聚集于长江口的刘家港（今浏河镇），再由此转海路北上京师，鼎盛时，每年有多达上万条河船海舶、数万名水手船民出入刘家港。这些船民在与风浪的搏击中，逐渐认同接受了妈祖信仰。也就是说，在刘家港，妈祖不但是海上保护神，同时广而化之，成为了水上保护神。妈祖信仰也因此传布到了内陆长江流域，和中国北方沿海以及东北亚诸国。如南京、芜湖、安庆、淮安、威海、蓬莱、天津，日本、朝鲜。

二为它见证了海运的兴衰、大航海时代的到来和海上丝绸之路的巅峰时刻。蒙元海上漕运，沟通南北物资交流，造就了江南文化经济的繁荣；明初郑和七下西洋，预告了世界大航海时代的来临，将海上丝绸之路推向了巅峰，均以刘家港为始发港。在天妃宫，伫立于郑和亲立的《通番事迹之记》碑前，以及阅读本书，我真切地感受到：妈祖信仰，尤其是在现代科技还没产生的中世纪，是人们认识海洋、挑战海洋、利用海洋的巨大精神力量。

三是救苦救难的妈祖文化是丰富多彩的中华民族文化的重要组成部分。现如今，原生于中华的妈祖信仰遍布世界，全球共有两万多个妈祖庙，信众多达三亿以上。本书不但纷繁记述了浏河天妃宫的前世今生，严谨端庄的宫规礼仪，还以大量的诗文，记载了妈祖救危纾困、积善行德的美丽传说。这既表达了千百年来，中国人民对美好生活、优秀品行的热烈追求和深情憧憬，而不惜笔墨，对国家和各级政府、社会各界这些年来围绕妈祖开展的物质和非物质文化遗产保护、发掘、利用的翔实记录，则具体反映了在新的历史时期，增强中华民族文化认同感，传承和弘扬中华民族优秀传统文化、传统美德已成为众多人的共识。

汪　放

2021 年夏于青桐居

# 目 录
## *contents*

# 历史沿革

　　浏河古称刘家港、刘家河、刘河。浏河是江苏省东部濒江临海的重镇，也是唯一一个既沿江又沿沪的全国重点镇，东枕长江，南与国际化大都市上海的宝山、嘉定两区接壤，西望苏州，北靠太仓港。滨江临海的战略地位，铸就了浏河独特的历史。

　　浏河镇最早作为三国吴帝孙权的通江重地、军事要塞而成兵家必争之地，奠定了浏河镇在历史上的战略地位。浏河镇凭借其显要的战略地位为世所重，犹如一颗镶嵌在长江之滨、东海之畔的明珠，熠熠生辉。

　　长江愈接近入海口江面愈宽广，浏河口为娄江入海口，恰处在长江江面最宽阔的水域，最深处达十二米，成为名副其实的黄金水道和天然良港。元明时代，刘家港（浏河港）"不浚自深"的特点又成为这个天然良港得天独厚所在。元代的漕运海贸，明代的七下西洋，均基于这天然良港的优势。浏河在中国社会发展进程中曾发挥过独特的作用，元明清三朝，浏河承载了漕运、海贸、郑和下西洋与治理环太湖水患等历史重任。六百年漕运，七次下西洋，已经成为浏河在人们心目中的历史文化概念。

　　浏河天妃宫，国家级文物保护单位，宁波以北历史最为悠久的妈祖宫庙，元代海上漕运和明代郑和下西洋的历史见证，中国古代海上丝绸之路

浏河口

浏河港

重要节点刘家港的保护神灵所在。浏河天妃宫，是航海人的精神支柱，维系着浏河人民的奋斗历程。浏河天妃宫，见证了太仓以海运而生，以海运而兴，以海运而盛的历史全过程。浏河天妃宫，是苏南地区妈祖文化与海洋文化交融的集中体现。

浏河在唐宋时期就是重要海港，海商来往频繁，妈祖信仰的传入相对较早。北宋宣和五年（1123），旅居娄江的闽粤海商出资在浏河建灵济宫，标志着妈祖信仰在浏河的落地，妈祖文化在浏河的生根。元代，随着刘家港因漕运和海贸而崛起，浏河天妃宫得到极大发展。元至元二十三年（1286），朱清、张瑄于刘家港创海运漕粮，奉旨于原址右侧移建灵济宫。至元二十六年（1289）海运漕船遇险得灵惠妃神助而获救，朝廷册封妈祖林默娘为护国显祐天妃，遂将灵济宫改称为天妃行宫。之后天妃香火延续不断，到明代郑和下西洋时到达鼎盛。清代天妃宫仍相当兴盛，清末开始衰敝，直到20世纪80年代，天妃宫重新恢复，开始了新的辉煌。

# 宫址三迁

浏河天妃宫址的前身为灵慈寺。南朝梁天监年间（502—519），建灵慈寺于娄江口北侧老岸，占地百余亩。时武帝萧衍大兴佛事，《刘河纪略》称："吾地民居枕河，张扬佛法，灵慈寺濒江临海，山门森然。"元延祐年间（1314—1320），灵慈寺遭大火，山门、前殿焚毁，仅存大殿，僧徒渐散，香火从此衰落。元至正二年（1342），江浙行省参知政事燕山图鲁准于将灵慈寺废址改建为天妃行宫。至此，存世八百年的名刹灵慈寺终结。

然而，浏河天妃宫的最早宫址并不在灵慈寺，而是在五杨池。北宋宣和五年（1123），旅居娄江的闽粤海商建灵济宫于娄江口北岸五杨池（今龙王湾东侧），此系闽粤海商在浏地立天妃宫之始。宫基占地二亩余，宫内塑妈祖林默娘，称灵济夫人，施以春秋二祭。南宋绍兴二十六年（1156），敕封为灵惠夫人，灵济宫得以修缮。庆元四年（1198），加封为灵惠妃，灵济宫改名为灵惠宫，又捐资整治。

浏河天妃宫的二次宫址在五杨池右侧。元至元二十三年（1286），朱清、张瑄于刘家港创海运漕粮，奉旨于原址右侧移建天妃宫。《刘河纪略》载："至元二十三年（1286），奉旨建天妃行宫于浏河之北岸澛漕河东约半里。"另据《康熙嘉定县志》卷二《坛庙祠》记载，至元二十三年（1286），平江路总官朱霁奉旨重建浏河天妃宫于原址右侧。至元二十六年（1289）海运漕船遇险得灵惠妃神助而获救，朝廷册封妈祖林默娘为"护国显祐明著天妃"，遂改灵惠宫为天妃行宫，简称天妃宫。这是天妃宫称谓的正式开始。

浏河天妃宫的三次宫址才在灵慈寺旧址。元代刘家港水域深广，潮汐汹涌，老岸宫基受潮水冲蚀而渐坍，至正二年（1342）负责海运漕粮的江浙行省参知政事燕山图鲁拨中统钞两万五千贯，常熟海商刘文明等又捐资万余贯，迁址重建天妃行宫。《姑苏采风类记》载："天妃宫在刘家港北澛漕口。"《刘河纪略》："昔天后行宫在老闸之东，元至正二年（1342），迁宫于灵慈寺旧基之上。"遂西迁澛漕口"土埴燥刚，户向高平"之地，亦即名刹灵慈寺废址重建，是为现址。

历经两百多年，挪了两次（计三地），最终确立宫址，故志书有"天妃宫，凡三迁"的记载。

三迁之天妃宫占地十余亩，规模宏大，气象非凡：宫外金钩、玉带两河拱卫；宫前立照壁、凿月池，山门巍然；宫内前、正、后三殿严整，钟、鼓楼分立左右，两侧另有廊庑若干。"布局严整，显敞华丽，实甲它祠"。时有漕臣郑元祐立重建澛漕天妃行宫碑以记之。

## 明清繁盛

明洪武二年（1369），太祖追封功臣，敕封海神妈祖为昭孝灵济感应圣妃，又令整修宫宇。明代永乐至宣德年间（1405—1433），钦差正使、总兵、三宝太监郑和七下西洋。其间，郑和屡以库银修葺扩建天妃宫。其扩修规模，尤以第七次下西洋前的宣德五年（1430）为甚。其时，亲立"通番事迹之记"碑于宫壁，亲植"西域海棠"（西府海棠）于前庭。由是，浏河天妃宫雕梁画栋，益显恢宏亮丽。

嘉靖初年，刘家港屡遭倭寇剽掠，然倭人亦敬奉天妃灵验，故行宫未有焚毁。后年久失修，宫观危象，宫基被侵。嘉靖四十年（1561），倭患肃清，苏松太兵备副使熊桴捐俸赎买被侵宫地十三余亩，筹资重修天妃宫，金塑神像。刘河堡副总兵杨尚英、都指挥邵应魁等感念熊公剿倭功绩，捐俸为其建生祠于天妃宫之后，且立熊公平海碑以记之。此碑现存天妃宫内。

邢少兰绘《六国码头通商图》

康熙二十一年（1682），收复台湾，海疆平定，清廷以为天妃神助，于二十三年（1684）加封林默娘为"护国庇民昭灵显应仁慈天后"，敕令天妃行宫改称天后行宫（习称仍为"天妃宫"），大治宫宇，并奉旨重开海禁。康熙四十四年（1705），又经修葺，立重修天后行宫碑于宫中。康熙末年，住持儆思呈文指控宫基被地方豪强侵吞，太仓知州即命胥吏殷太、徐瓒锡等勘得天后宫及相邻的城隍庙、五路堂、镇海关税房等公地九亩八分，一并追回。雍正元年（1723），天后宫又见衰象，刘河镇绅商士民捐资整治。雍正十三年（1735），定制秩祀。乾隆五年（1740），诏谕海滨各邑遍祭天妃。时刘河镇重趋繁盛，由当地海帮出面，联络江淮、浙东、闽粤等海帮，官民乃集资于乾隆八年（1743）重建天后行宫。正殿为无梁建筑，雄伟壮丽，天后娘娘彩塑金饰，仁慈肃穆；前殿置戏楼，春秋两祭时，海商渔贾纷纷出资演戏，输仁祝愿，观者如潮；后殿为宫楼，楼上珍藏天后娘娘出世图八幅，历记天后灵迹，楼下陈列各种微雕小木船百十艘，均为船家

原天妃宫图

林则徐重修天妃宫

海上遇难获救脱险归来后还愿所献。整个天后行宫轩廊相衔，浑然一体，十分壮观。道光十四年（1834），林则徐任江苏巡抚大浚刘河时，又主持重修天后行宫。咸丰十一年（1861），天妃宫遭兵祸毁损。同治七年（1868），本镇绅商张镜清等捐资重建。光绪元年（1875），正殿遭遇火患，后又修复。宣统三年（1911），宫内不慎，正殿再次失火焚毁，后殿楼幸免于难。稍后，城隍庙、花神庙迁入。

## 现代变迁

1924 年，天妃宫遭江浙战争兵祸蹂躏。1934 年，里人张德肇、傅一清等十六人捐资重修后殿楼、山门等，但正殿未能重建。1937 年，抗日战争全面爆发，宫中珍藏的八幅天后出世图和百余艘木雕小船全部失散。

中华人民共和国成立后，50 年代初，天妃宫收归国有，由浏河镇房管部门管理，曾改作浏河粮库和粮油供应门市部。由于前殿已成危楼，被拆

20 世纪 50 年代天妃宫

20 世纪 80 年代天妃宫

除，山门外牌楼也被拆除，后殿得以保存。

1985 年，为了纪念郑和首下西洋五百八十周年，中华人民共和国文化部、江苏省文化厅、苏州市人民政府、太仓县（现为市）人民政府共同拨款，

1985 年太仓郑和纪念馆开馆典礼

太仓各乡镇赞助集资，浏河天妃宫修葺恢复，同时内设太仓郑和纪念馆。

主要修复项目包括：1.修缮后殿楼、配殿、廊庑；2.拆除花神庙，并利用所拆物料复建前殿（山门）；3.新建碑廊、六角亭、办公室、厕所、围墙；4.将"郑和纪念馆"设置其内：后殿楼前修筑"锚泊瀛涯"台，后殿楼内开辟陈列室。因财力有限，正殿未能重建。重修后的天妃宫，山门楣书"天妃宫"，后殿楼挂"郑和纪念馆"匾额。后殿楼下置郑和塑像，三壁为郑和下西洋的磨漆壁画；楼上设郑和宝船等陈列品，介绍郑和七下西洋事迹等。天妃娘娘塑像则置于后殿楼的侧厢内。

1992年，天妃宫被太仓县政府批准为道教活动点，天妃塑像被从殿楼的侧厢中请至左前的配殿（城隍庙），并开始接受香火。

1995年，天妃宫被江苏省人民政府列为江苏省重点文物保护单位。

1997年，天妃宫被中共江苏省委宣传部列为"江苏省爱国主义教育基地"。

2005年，纪念郑和首下西洋六百周年时，经苏州博物馆考古队发掘勘测，又复原正殿遗址。

2008年7月，太仓市郑和主题公园在"中国航海日"前竣工并对外开放。郑和主题公园建在太仓港区（距天妃宫北十多公里的长江边上）。公园内建有郑和纪念馆，广场上矗立着高达十八米的郑和铜像，水面上停泊着一比一比例复制的郑和二号宝船。鉴于这个新情况，再保存设在天妃宫内的郑和纪念馆就有点"名不正言不顺"了。在中共太仓市委宣传部的牵头协调下，设在天妃宫内二十三年之久的郑和纪念馆撤除，浏河天妃宫完整地回归道教。

## 重铸辉煌

2009年11月，恢复天妃宫的历史原貌，并成立太仓市天妃宫管理委员会，由太仓市道教协会管理。

2011 年 4 月 30 日，重修后的天妃宫举行了隆重的修复开放暨妈祖神像落成开光典礼。一尊高达 4.22 米的汉白玉妈祖神像矗立在广场（正殿遗址）中间，其中妈祖神像高 3.23 米，代表着妈祖诞辰日农历三月廿三日，底座高 0.99 米，代表着妈祖得道之日农历九月初九。主殿前两侧分列"浏河天妃宫返三清碑"和"通番事迹之记碑"。在主殿楼内，一尊新的 2.68 米高的香樟木制天妃像正慈颜面对世人，神前添置了法器、供桌、光明灯等祭祀用品，经过这次大规模改造和修葺之后，以全新的道教场所形象面向群众，并呈现更加浓厚的妈祖文化气息。

2013 年，天妃宫被国务院列为全国重点文物保护单位。

妈祖救护郑和影壁

2015 年 11 月，为更好地保护天妃宫历史文物建筑风貌，财政投入一百万元，天妃宫管委会自筹五十万元，实施天妃宫内部环境提升改造工程。改造工程包含新建的游客服务中心、"道法自然"照壁、三宝亭、"妈祖与郑和"影壁以及绿化改造升级等。工程于 2016 年 3 月完工。

2015 年底国家文物局《关于加强古建筑类全国重点文物保护单位抢险保护工作的通知》（文物保〔2015〕3727 号）文件将浏河天妃宫遗迹列入一般险情古建筑。为更好地保护天妃宫历史文物建筑风貌，2016 年 4 月国家文物局文物保函〔2016〕466 号文件批复了《浏河天妃宫遗迹修缮立项》之后，浏河镇人民政府聘请了浙江省古建筑设计研究院进行了工程方案设计，于 2017 年 2 月江苏省文物局苏文物保〔2017〕45 号文件批复了《浏河天妃宫遗迹修缮工程设计方案》。2018 年 3 月太仓市发展和改革委员会太发改投〔2018〕36 号批复了《实施浏河天妃宫遗迹修缮工程项目建议书》。太仓市浏河镇人民政府于 2018 年 4 月，通过苏州市公共资源交易中心太仓分中心公开招投标，由苏州计成文物建筑工程有限公司中标，中标价 286.47 万元。苏州建华建设监理有限责任公司作为工程监理单位。

浏河天妃宫遗迹修缮工程，包括后殿楼面积约 920 平方米，配殿面积约 135 平方米，廊庑面积约 90 平方米及雨、污水分流配套工程。工程于 2018 年 10 月开工建设，于 2019 年 6 月全面完工。

2019 年 10 月，天妃宫碑廊修缮工程启动，总投资 50 万元，于 2020 年 1 月竣工。

2021 年 9 月，天妃宫配电房和厕所改造工程完工。至此，修缮一新的浏河天妃宫以全新的面貌迎接各地妈祖信仰者的祭拜和游客的观赏，香火鼎盛。

# 殿宇综览

　　浏河天妃宫，天妃行宫，现一般把它归入道教宫观，位于太仓市浏河古镇中央，老浏河北岸，浏漕河东侧，现址新东街 90 号。前殿（山门）面向新东街，门前有千余平方米的广场，广场四围植有广玉兰，满目苍翠，亭亭如盖，广场南端有邑人朱屺瞻（当代著名画家）题词的天妃宫牌楼，出牌楼，便是滨河街，凭栏可见老浏河水静静流淌。北面风火墙与浏河镇王家弄、新华街相靠，东围墙隔巷与民房相望，西围墙与民房毗邻，东西两墙均辟有便门。围墙外面，原有的金钩玉带之河，早填塞不见踪迹。

## 主要建筑

　　浏河天妃宫现占地面积 4277 平方米，合 6.42 亩；现建筑面积 1531 平方米。现有建筑：前殿 134 平方米，未恢复戏楼，仅修成山门，连砖雕照壁；正殿遗址（正殿于 1911 年焚于火灾）复原 230 平方米，遗址上立妈祖汉白玉雕塑；后殿楼（妈祖寝宫）底层 410 平方米，二层 360 平方米，合计770 平方米，原样修复；配殿（原城隍庙）134 平方米；碑廊 81 平方米；六角碑亭 14 平方米；廊庑 96 平方米；办公室 50 平方米；厕所 22 平方米；

天妃宫全景

游客服务中心 30 平方米。其中后殿楼、配殿和廊庑为古建筑。

### 后殿楼

始建于元代，历经明、清、民国诸代修葺，修复于 1985 年 6 月，今完好。其结构古朴规整，装饰简洁典雅，总体凸显的是明代建筑风格。重檐硬山顶，上下两层砖木结构，五架梁带券棚顶前轩，并有前后廊。面阔正三间次两间，计 20.8 米，进深 16.35 米，脊高 12.5 米。正三间为抬梁式结构，次二间（东、西梢间）为穿斗串梁式结构，底层前廊外层为木栅栏门。在廊枋上高 25 厘米、长 15 米的范围内保留有三组明清时代木雕图案"三国故事"。前廊与殿堂之间为落地长窗，满天星格，裙板上雕刻如意纹饰。殿内柱础均为花岗岩鼓形石础；四大金柱石础高 35 厘米，径 80 厘米，磉石 110 厘米见方；金柱为楠木材质，高 8.6 米，平均胸径 40 厘米，因制作工艺精良（先卵石磨光柱表，后夏布土漆粘裹，复涂真漆），以致自元至今

后殿楠木金柱

历经六百余年不腐不蛀。殿后为半窗。底层地面铺设方砖。东西两梢间各开木雕漏窗一扇，靠墙各设楼梯一座，楼梯入口处各筑砖雕券门一处。每处砖雕券门雕刻面宽15厘米，长200厘米，上刻山水云龙图案，镂雕灵动，技艺精湛，明代雕刻手法明显，为郑和七下西洋时期遗址，价值非凡。楼层梁架斗拱齐全，各内柱的花机上雕有四季花果图案。楼层前后两面均为半窗，廊与殿之间为长窗；格式与底层相同。东西两侧各建有一向南凸伸的廊庑，阔1.2米，长5米，造成整幢后殿外观呈抱扶式。

这廊枋上的黄杨木刻三国故事、东西券门上的山水云龙砖雕、大殿中

后殿楼

后殿楼东西侧山水云龙砖雕券门

和合二仙、刘海戏金蟾砖雕

后殿楼黄杨木刻（三国故事）

的四大楠木金柱，被称为后殿楼的"三宝"。由于天妃宫后殿楼像一把巨大的太师椅，因此这"三宝"，也被形象地称之为"太师椅里藏三宝"，并且与"三宝太监下西洋"的"三宝"形成奇妙的巧合。

这里有一副楹联：向四海经显通，千秋不朽；历数朝受封典，万古留芳。此联为民国初广东革命政府时期，孙中山和梁启超到天后宫游览时梁氏手题。

殿堂内供奉的妈祖"黑面"神像，是台湾省著名妈祖庙"北港朝天宫"分灵供奉于浏河天妃宫的妈祖神像。"黑面"妈祖，为什么脸为黑色？主要有两种传说，其一，妈祖神像的脸因为长期受香烟熏染，久而久之被熏成了黑色；其二，在中国人心目中，黑脸代表着一种威严，历史上的包公就是一个很好的明证。这种颜色放在了慈祥的妈祖脸上，更是添加了一种神秘色彩，凝重而又有震慑力。更有相传，明代郑和七下西洋期间、明将领郑成功攻打金门、清军水师提督施琅收复台湾时，都为妈祖突然显灵，"以阴兵击贼，脸色尽紫"，"成黑色不褪"，成为黑脸妈祖，从而助一臂之力。主殿内的翡翠妈祖像为妈祖信徒捐赠。

台湾北港朝天宫黑面妈祖巡街

### 配殿及其他

原是太仓州城隍行宫，康熙五十一年（1712）由大学士、礼部尚书王
掞回乡捐资助建，为宣统三年（1911）正殿焚毁后迁入。配殿在后殿楼
左前，为硬山顶小青瓦哺龙脊，穿斗和抬梁混合砖木结构，三开间五架梁
带券棚顶前轩廊。廊庑坐北朝南，为硬山顶穿斗砖木结构，三开间五架梁，
前有轩廊，面阔 10.44 米，进深 7.5 米。具体建造年代不详，从结构形制
看应不晚于清代。前殿、山门、碑廊等均新建于 1985 年。大殿遗址复原
于 2005 年。碑亭（三宝亭）、"道法自然"照壁、"郑和与妈祖"影壁、游
客服务中心建于 2015 年。

前厅照壁

# 文物馆藏

　　浏河天妃宫在 1985 年修复时的大殿壁画为郑和下西洋的磨漆壁画，2009 年天妃宫恢复原貌后，大殿两侧墙壁绘有 8 幅壁画，分别是观音赐子、窥井得符、神助漕运、澎湖助战、化草救商、湄屿飞升、救护郑和、收服二怪。

　　历经磨难的浏河天妃宫现存藏品均为天妃宫修复以来或重制或受赠或出土。

## 浏河天妃宫标本（藏品）

| 序号 | 名称 | 编号 | 质地 | 年代 | 保存地点 | 备注 |
|---|---|---|---|---|---|---|
| 1 | 通番事迹之记碑（沙曼翁书） | TFG1 | 石质 | 1985 年 | 浏河天妃宫三宝亭（碑亭） | 重制 |
| 2 | 浏河天妃宫修建之记（马士达书） | TFG2 | 石质 | 1985 年 | 浏河天妃宫碑廊 | 背面为明碑、原存太仓孔庙 |
| 3 | 重修天后宫记 | TFG3 | 石质 | 1935 年 | 浏河天妃宫碑廊 | 宫内出土 |
| 4 | 重修天后行宫碑记 | TFG4 | 石质 | 清康熙四十二年（1703） | 浏河天妃宫碑廊 | 宫内出土，字迹泯灭 |
| 5 | 禁健讼之徒混控侵蚀刘河天后宫隙地租金碑 | TFG5 | 石质 | 清乾隆四十五年（1780） | 浏河天妃宫碑廊 | 宫内出土 |
| 6 | 整饬苏松兵备河南按察司副使熊公平海碑 | TFG6 | 石质 | 明嘉清四十二年（1563） | 浏河天妃宫碑廊 | 宫内出土 |

续表

| 序号 | 名称 | 编号 | 质地 | 年代 | 保存地点 | 备注 |
|------|------|------|------|------|---------|------|
| 7 | 奉宪禁勒运费碑记 | TFG7 | 石质 | 清雍正八年（1730） | 浏河天妃宫碑廊 | 宫内出土 |
| 8 | 太仓州奉宪取缔海埠以安海商碑 | TFG8 | 石质 | 清乾隆十七年（1752） | 浏河天妃宫碑廊 | 宫内出土 |
| 9 | 奉宪严禁书役创立本对坐图名目碑记 | TFG9 | 石质 | 清道光十二年（1832） | 浏河天妃宫碑廊 | 宫内出土，部分碑文泯灭 |
| 10 | 永禁船只进出口需索号费碑 | TFG10 | 石质 | 清光绪九年（1883） | 浏河天妃宫碑廊 | 宫内出土 |
| 11 | 镇洋县唐公遗爱碑记 | TFG11 | 石质 | 清雍正十一年（1733） | 浏河天妃宫碑廊 | 宫内出土，部分碑文泯灭 |
| 12 | 刘家河把总邵公去思碑记 | TFG12 | 石质 | 明嘉靖三十七年（1558） | 浏河天妃宫碑廊 | 宫内出土，碑文泯灭 |
| 13 | 禁设刘河庄船碑 | TFG13 | 石质 | 清乾隆四十四年（1779） | 浏河天妃宫碑廊 | 宫内出土，碑文模糊 |
| 14 | 刘家河把总玉江杨侯去思碑 | TFG14 | 石质 | 明嘉靖三十□年 | 浏河天妃宫碑廊 | 宫内出土，碑文泯灭 |

续表

| 序号 | 名称 | 编号 | 质地 | 年代 | 保存地点 | 备注 |
|---|---|---|---|---|---|---|
| 15 | 奉宪划定税银碑记 | TFG15 | 石质 | 清康熙五十五年（1716） | 浏河天妃宫碑廊 | 宫内出土，碑文泯灭 |
| 16 | 江南太仓州镇洋县禁恤商裕课事碑 | TFG16 | 石质 | 清雍正四年（1726） | 浏河天妃宫碑廊 | 宫内出土，碑文泯灭 |
| 17 | 双龙戏珠抱鼓石一对（高69厘米、厚20厘米） | TFG17 | 石质 | 明清 | 浏河天妃宫 | 宫内出土，完整 |
| 18 | 龙纹御路（长170厘米、宽83厘米、厚29厘米） | TFG18 | 石质 | 明清 | 浏河天妃宫 | 宫内出土，残缺 |
| 19 | 正殿莲瓣纹石鼓A（面经33厘米） | TFG19 | 石质 | 明清 | 浏河天妃宫 | 宫内出土，裂口 |
| 20 | 正殿莲瓣纹石鼓B（面经33厘米） | TFG20 | 石质 | 明清 | 浏河天妃宫 | 宫内出土，裂纹 |
| 21 | 天妃宫覆盆（面经49厘米） | TFG21 | 石质 | 明清 | 浏河天妃宫 | 宫内出土，盆沿磕损 |
| 22 | 青石仿壶（高64厘米） | TFG22 | 石质 | 明清 | 浏河天妃宫 | 宫内出土，盆沿磕损 |
| 23 | 刀马人砖雕两件 | TFG23 | 砖质 | 清 | 浏河天妃宫 | 宫内出土，残缺 |

续表

| 序号 | 名称 | 编号 | 质地 | 年代 | 保存地点 | 备注 |
|---|---|---|---|---|---|---|
| 24 | 云龙纹饰碑头（宽108厘米、高83厘米、厚36厘米） | TFG24 | 石质 | 明清 | 浏河天妃宫 | 宫内出土 |
| 25 | 福建南平郑和铜钟 | TFG25 | 铜质 | 1985年 | 浏河天妃宫 | 仿制 |
| 26 | 抗倭御海铁炮 | TFG26 | 铁质 | 明 | 浏河天妃宫 | 2006年自阅兵台入馆 |
| 27 | 新塘宏门禅寺（元代为玄通道院）大殿覆盆（面经72厘米） | TFG27 | 石质 | 明 | 浏河天妃宫 | 2005年收集入馆 |
| 28 | 新塘宏门禅寺（元代为玄通道院）大殿磉石三块（长86厘米、宽80厘米、高23厘米） | TFG28 | 石质 | 明清 | 浏河天妃宫 | 2005年收集入馆 |
| 29 | 浏河闸北村檀树坟王氏墓志A（56厘米见方） | TFG29 | 石质 | 明 | 浏河天妃宫 | 2000年收集入馆 |
| 30 | 浏河闸北村檀树坟王氏墓志B（49厘米见方） | TFG30 | 石质 | 明 | 浏河天妃宫 | 2000年收集入馆 |
| 31 | 浏河闸北村檀树坟王氏墓志C（30厘米见方） | TFG31 | 石质 | 明 | 浏河天妃宫 | 2000年收集入馆 |

明代双龙戏珠抱鼓石

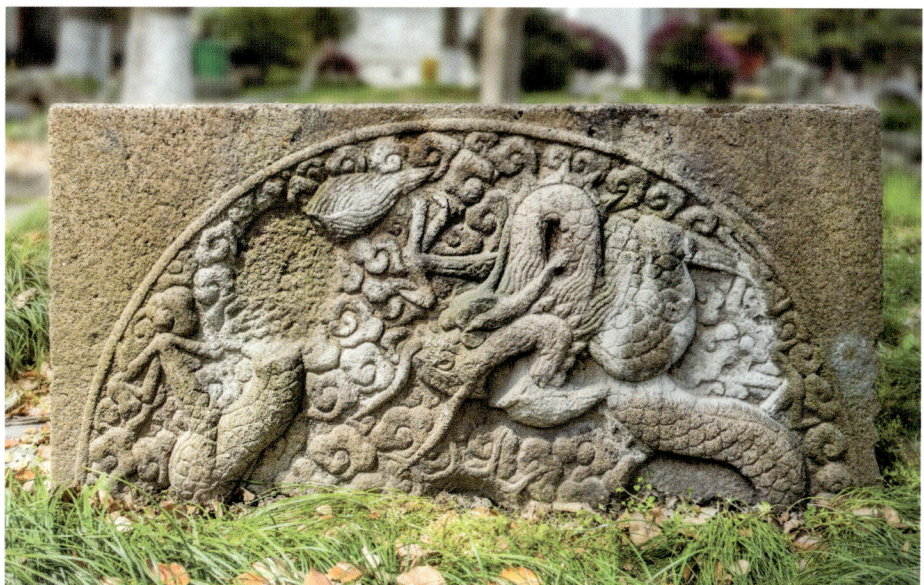

明代龙纹御路石刻

正殿莲瓣纹石鼓

明代云龙纹饰碑帽

明代抗倭御海铁炮

明代青石仿壶

福建南平郑和铜钟

城隍庙云龙彩绘木雕

新塘宏门禅寺（元代为玄通道院）大殿磉石

明代砖雕

明代盘龙筒瓦当

天妃宫神像及主要法物

2010 年至 2020 年，落成和受赠的神像及主要法物如下：

2010 年，妈祖像（高 2.68 米）、四海龙王、福禄寿神像于天妃宫主殿（原后殿楼，是两层殿楼）落成；三层宝鼎及两座长方形香炉于天妃宫广场落成。

2011 年，台湾北港朝天宫分灵的黑面妈祖神像在主殿安座。

2012 年，上海信众捐赠城隍爷、文昌帝君、财神神像在城隍庙落成；汉白玉妈祖神像在正殿遗址之上落成（汉白玉像高 3.23 米，代表着妈祖

翡翠妈祖像

诞辰日；底座高 0.99 米，代表着妈祖得道升仙日）。

2013 年，上海信众捐赠铜宝鼎在天妃宫广场落成；圣父圣母（天妃父母）神像在主殿落成。

2014 年，上海善信捐赠主殿妈祖神龛落成。

2015 年，高雄市天坛旨万通寺捐赠斗姆元君神像、六十甲子神像在主殿二楼落成；台北市妈祖信徒捐赠四大护法（千里眼、顺风耳、嘉应、嘉佑）神像

灵官殿

汉白玉妈祖像

在天妃宫山门殿落成。

2016年，江苏省句容籍善信捐赠王灵官神像在山门殿落成。

2018年9月，台湾高雄市天坛旨万通寺根据《通番事迹之记碑》记载，明永乐年间，郑和塑天妃神像于天妃宫内。天妃头戴祥凤冠，身披锦缎衫，端坐持明镜，泰然显慈心，微妙逼真。原铜制天妃像珍藏于太仓郑和纪念馆内。她用上等玉石重塑此天妃圣像，翡翠妈祖像高1.1米，重1.3吨。2019年6月20日安座于天妃宫后殿楼主殿东后侧。此翡翠天妃神像的捐赠不仅促进海峡两岸妈祖文化的深入交流，增进两岸妈祖信众之间的情谊，更是践行海上丝绸之路的典范。同年，莆田籍妈祖信徒捐赠翡翠妈祖神龛、青斗石制拜桌、供桌在主殿落成。

2020年，台湾台中市妈祖信徒捐赠城隍庙神龛落成。

备注：1996年之前除正殿泥塑"娘娘像"保留，其他神像均不存。

# 碑刻铭文

### 碑亭

浏河天妃宫最重要的碑刻就是郑和下西洋时的"通番事迹之记碑"。

明宣德五年（1430），郑和等于第七次下西洋前夕，勒石"通番事迹之记碑"于刘家港（今为浏河）天妃宫正殿壁中。碑高200厘米，宽96厘米，清末大殿焚毁湮失，至今未找到。值得庆幸的是，明钱谷《吴都文粹续集》二十八卷《道观》和清顾炎武《天下郡国利病书》十九卷对碑文皆有抄录，这也说明了碑刻的存在。

1985年，为纪念郑和下西洋五百八十周年，浏河镇人民政府重刻"通番事迹之记碑"于天妃宫内，并立于碑廊之中（《通番事迹之记》原为郑和于宣德六年立于刘家港天妃宫内，已湮失多年。为纪念伟大的航海家郑和首次下西洋五百八十周年，谨以吴都文萃续本详加校勘，重刻此碑，传诸后世）。到 2015 年，天妃宫内部环境改造，把立于碑廊中的"通番事迹之记碑"移立于天妃宫西南角专造之碑亭（三宝亭）中。碑文如下：

敕封护国庇民妙灵昭应弘仁普济天妃之神，威灵布于巨海，功德著于太常尚矣。和等自永乐初，奉使诸番，今经七次，每统领官兵数万人，海船百余艘，自太仓开洋，由占城国、暹罗国、爪哇国、柯枝国、古里国，抵于西域忽鲁谟斯等三十余国，涉沧溟十万余里。观夫鲸波接天，浩浩无涯，或烟雾之溟蒙，或风浪之崔嵬。海洋之状，变态无时，而我之云帆高张，昼夜星驰，非仗神助，曷克康济？直有险阻，一称神号，感应如响，即有神灯烛于帆樯，灵光一临，则变险为夷。舟师恬然，咸保无虞。此神功之大概也。及临外邦，其蛮王之梗化不恭者，生擒之；其寇兵之肆暴侵掠者，殄灭之。海道由是而清宁，番人赖之以安业，皆神之助也。

神之功绩，昔尝奏请于朝，建宫于南京龙江之上，永传祀事。钦承御制记文，以彰灵贶、褒美至矣。然神之灵，无往不在。若刘家港之行宫，创造有年，每至于斯，即为葺理。宣德五年冬，复奉使诸番国，舣舟祠下，官军人等，瞻礼勤诚，祀享络绎，神之殿堂，益加修饰，弘胜旧规。复重建岠山小姐之神祠于宫之后，殿堂神像，粲然一新。官校军民咸乐趋事，自有不容已者，非神之功德感于人心而致乎？是用勒文于石，并记诸番往回之岁月，昭示永久焉。

永乐三年，统领舟师往古里等国，时海寇陈祖义等，聚众三佛齐国，抄掠番商，生擒厥魁，至五年回还。

永乐五年，统领舟师，往爪哇、古里、柯枝、暹罗等国，其国王各以方物珍禽（异）兽贡献，至七年回还。

永乐七年，统领舟师，往前各国，道经锡兰山国，其王亚烈若奈儿，负固不恭，谋害舟师，赖神灵显应知觉，遂擒其王，至

三宝亭

通番事迹之记碑

九年归献。寻蒙恩宥，俾复归国。

永乐十二年，统领舟师，往忽鲁谟斯等国，其苏门答剌国，伪王苏干剌，寇侵本国，其王遣使赴阙，陈诉请救，就统领官兵剿捕，神功默助，遂生擒伪王，至十三年归献。是年满剌加国王，亲率妻子朝贡。

永乐十五年，统领舟师往西域，其忽鲁谟斯国进狮子、金钱豹、西马。阿丹国进麒麟，番名祖剌法并长角马哈兽。木骨都束国进花福禄并狮子。卜剌哇国进千里骆驼并驼鸡。爪哇国、古里国进縻里羔兽。各进方物，皆古所未闻者，及遣王男、王弟捧金叶表文朝贡。

永乐十九年，统领舟师，遣忽鲁谟斯等各国使臣久侍京师者，悉还本国。其各国王，贡献方物，视前益加。

宣德五年，仍往诸番国开诏，舟师泊于祠下，思昔数次皆伏神明护助之功，于是勒文于石。

明宣德六年，岁次辛亥春正朔，正使太监郑和、王景弘、副使太监朱良、周满、洪保、杨真、左少监张达等立。

附记：通番事迹之记，原为郑和于宣德六年立于刘家港天妃宫内，已湮失多年。为纪念伟大的航海家郑和首次下西洋五百八十周年，谨以吴都文萃续本详加校勘，重刻此碑，传诸后世。

## 碑廊

浏河自古人文荟萃，胜迹斑斓，留下众多石刻碑文。由于历代兵事连绵，灾祸频仍，不少有重要价值的碑刻惨遭毁坏和湮失。1985年，太仓县人民政府在重修天妃行宫时，将散落残存于境内的碑刻汇集于天妃宫东侧轩廊，镶护于壁中。整个碑廊呈南北转东西L走向，全长84米，共置

碑廊

碑十三座，称为天妃宫碑廊。十三座碑均收入天妃宫标本（藏品）内。

## 碑文

在天妃宫内，选择与天妃有关的几块碑的碑文，列于下面。

《重修天后宫记》碑 民国二十四年（1935）3月，由浏河镇绅商张德肇等十六人捐资重修天后宫并立碑。碑高140厘米，宽82厘米。碑文由张嘉福撰，清晰可认。

按吾刘地自宋元明清四代以来为海疆要塞，及漕运货运荟萃之区。原有龙王宫、天后宫同属雄伟之庙宇。各帮船户、当地居民岁时宫庙祭赛，所以祈安澜、庆乐岁，香火之盛，莫与之京。洪杨之役，毁于兵燹。里人张镜清等就原址捐建落成之日，又添恖福山褚太卫法像，以免渔户跋涉之劳。迄今绵历七十余年矣。遭逢兵事，庙之前埭及围墙渐至倾圮。同人等关念地方胜迹，发起修葺，深荷诸大善士信慷慨解囊，得以庙貌一新，壮观犹昔，爰叙涯略，作永久之纪念。

　　时中华民国二十四年三月。里人张德肇、朱星南、毛志先、华

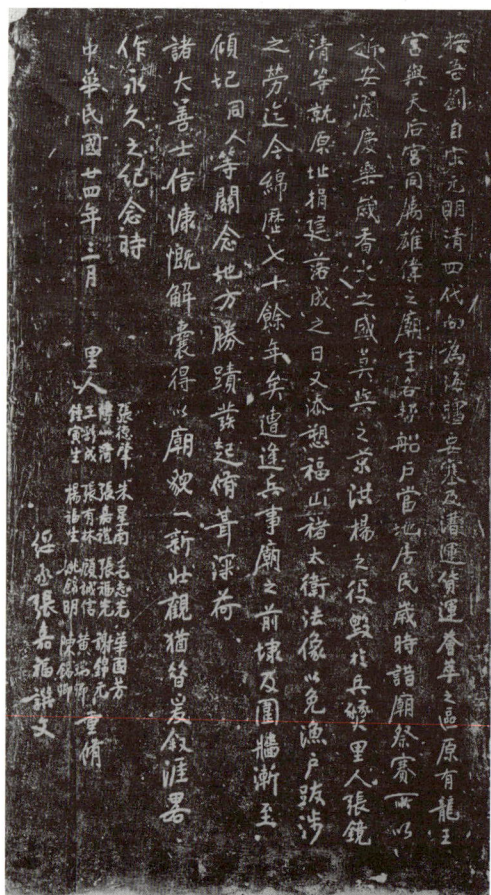

《重修天后宫记》碑

国芳、傅一清、张嘉礼、张福先，谢锦元、王彩成、张有林、顾诚信、黄瑞卿、钟寅生、杨福生、姚锦明、陈锡卿重修，绥丞张嘉福撰文。

《浏河天妃宫修建之记》碑　碑高180厘米，宽96厘米。1985年7月，由太仓县人民政府立。其碑文如下：

> 浏河，古称刘家港。元明两代曾经是中国重要的航海基地。举世闻名的郑和下西洋就多次从这里出海．浏河天妃宫是郑和航海的重要遗迹。据史书记载，郑和多次率船队随员来此进香朝拜，祈祷远航平安，并立通番事迹碑于宫内。惜此碑已湮失多年。为纪念郑和首次下西洋五百八十周年，保护历史人物，在上级政府以及各界人士的关怀和支持下，于一九八三年年底开始修建浏河天妃宫。历时一年有余，且重刻通番事迹碑，立于新建的碑廊中。修建后的天妃宫将成为进行历史传统教育与爱国主义教育的良好场所，供广大群众观瞻。

《浏河天妃宫返三清》碑　2009年8月，太仓市道教协会正式接管天妃宫。天妃娘娘重新入主楼殿，郑和则从天妃宫移驾至太仓郑和公园内。而殿楼前"锚泊瀛涯"的雕塑，除基础保留外，锚及石则换成了一座高高的香炉。殿楼前两侧，竖立两块石碑，一曰《通番事迹之记》（与碑亭一块内容同而形制异），一曰《浏河天妃宫返三清》。《通番事迹之记》当然是说郑和事迹的，《浏河天妃宫返三清》则讲述了天妃宫之沿革及重返道教之因缘。碑文如下：

> 天妃宫，吾邑古道教之名区也。始建于北宋宣和年间，距今八百八十有六年。初系私祭，奉祀妈祖，庇佑海事诸方。神祇既灵，

浏河天妃宫返三清碑

则信者益多，香火愈盛，遂立宫祠。自宋起始，愈尊妈祖，尊号累加，林默娘由灵济夫人而敕封为灵惠夫人，浒封至灵惠妃、天妃、圣妃、天后，超登神仙之界，万众膜拜。其祠亦由灵济宫而宋徽宗御赐顺济宫、南宋再更名灵惠宫、元改称天妃宫、明则为天后宫矣。

考浏河天妃宫，由龙王湾原址而右移再澛漕口，曾三迁其址。渐次扩展，从二亩余而十余亩，由湫隘小庙而甲于他祠。春秋两祭，官民皆祀。迨明永乐间，三宝太监郑和下西洋，数祭天妃，以致道场日臻鼎盛，遂名传遐迩，彪炳史册。案方志载：郑和下西洋，风涛险阻，仰赖圣妃屡显神灵以助之。事达天听，朝廷下旨，动用库银，重塑金身，彩绘雕梁。铸法器，植嘉木，聚人气，旺香火。宣德五年，郑和七下西洋前夕，镌刻《通番事迹碑》，并颂天后之麻，勒石于宫壁，以垂万世。

其后朝代更替，世事变幻，天妃宫数毁数建，其兴衰绝续，曷胜言哉！地方官吏，开明乡绅，捐资财，献计策，或修缮，或重建，亦曷胜言哉！更有一代伟臣林则徐以江苏巡抚主持修葺之，功德奕世，邑人永怀，又曷胜言哉！

二十世纪五十年代以来，三清不振，居士四散，道士还俗，道场废弃，或为粮库，或作他用。前殿、山门、戏台、牌楼皆拆除无遗。惟后殿幸存。至八十年代，适逢郑和下西洋五百八十周年之机，政府行为，重建重修，天妃宫改称郑和纪念馆，跻身省级文保单位，遂成景点，得以再生。然，名既未正，言终不顺。

值郑和首下西洋六百周年之际，经发掘勘测，复原正殿遗址，虽旧貌不再，然石础方砖依旧，片瓦碎瓷，不掩沧桑，透露历史信息，昭示文化底蕴，游人过而吊之，文人咏而怀之，亦不失明智之举。

己丑金秋，天妃宫复其原貌，重启妈祖道场。顺天意，得民心，正本清源，功德巨焉。宫庙归还道教，天妃坐正大位，妈祖有知，九天慰之，自当降福贶祉，庇护吾土吾民。钦佩哉，决策之胆识；赞叹哉，决策之气度！

今之天妃宫由道教协会委派正一派道长许金平主持宫庙事务，其发宏愿：光大天妃宫，中兴天妃宫。天妃弟子闻讯，欣喜莫名，奔走相告，并慷慨解囊，愿为天妃宫再肃庙貌，出力出钱。以期式奂式坚，正脉正传，造福桑梓，惠及信众。其功其德，在心在业，天地共鉴，妈祖佑之。

恭逢此盛，特为记之，以告来者，以存史实。

己丑年重阳后三日凌鼎年　敬撰

## 相关碑文

书浏河天妃宫但未存于天妃宫内的，择要录于下面。

至正二年（1342），元代文豪，时任平江路太仓州儒学教授的郑元祐撰书《重建澦漕天妃宫碑》。郑元祐，字明德，浙江遂吕县人。据说，郑元祐所撰天妃碑，文采激扬，"笔法遒美"，而且是郑元祐的左笔书法，这则轶闻，在《乾隆苏州府志》中有记述："元祐儿时，以乳媪失手致伤右手。比长，能左手作楷书，规矩备尽，世称一绝。"可惜此碑无踪，但其碑文，尚收录在郑元祐的《侨吴集》中。

## 〔元〕郑元祐《重建澦漕天妃宫碑》

天地既左海，故百川混溃归东南而海之，功用遂与天地配。然自陶唐氏以迄今，王者出而御极，盖非一人。至于宏大之量，包海宇，混南北，挽鲸波万里犹一，埦龙伯九渊犹一，含凌驾溟渤，责成岁功久之无虞，如我朝世祖皇帝者也。爰自定都于燕岁，漕东南稻米将由河渠以达畿甸，则道里远而劳费大，积力久而用功多。于是，纳海臣之请，断自宸衷，始创海运。方其平波风顺，一日千里，不踰旬日，即诣京畿，斯实国家厚福也。其蟠地际天，取道于海，若执左券交相付。然风涛有所不测，虽河渠之细犹不免，况于海乎？设使飓风鼓涛，鲸呿鳌拚，天跳地跃，万斛之舟于以掷。当此之时，虽有绝伦智力，亦必拱手待毙，哀号吁天，叫呼神明，救死瞬息。

粤有天妃，肇迹前宋，著灵于我邦家。亟扬神光，出于醲雾，其光烨煜，谓之天灯。飞泊高桅，不令颠覆。舟人稽颡，咸称再生，舟遂顺济。其灵显白，章章如此。于是，列圣相承，累加加封，即江海之要，建祠妥灵。若夫，澢漕灵济宫则尤兴，礼尊崇者也。

盖海舟岁当春夏运，毕集刘家港，而澢漕当港之冲。故天妃宫之灾澢漕者，显敞华丽寔甲它祠。国家政重漕粮，既开漕府于吴。岁每分江浙省宰臣一人督馈。当转漕之际，宰臣必躬宰漕臣、守臣，咸集祠下，卜吉于妃。既得吉卜，然后敢于港次发舟仍。即妃之宫，刑马椎牛，致大亨礼；饩腯牲肥，醇醑瓮斛，庶羞毕陈，丝声在弦，金石间奏，咽轧萧管，繁吹入云，舞既歌阕，冷风萧萧填境；虎臣卒徒，攉舟扬舲，挝鼓鏦金，响振川陆，文严武齐，群拜听命而后举。

由始建宫，迄今五十一年矣。神人顾歆，岁仍旧章，罔敢或怠。廼至元仍纪元之五年，水齿宫坊，日就亏圮，翼宫周庐，间亦颓压，爰历五祀，审以宫迫海滣，波涛浸淫，工莫就绪。今至正二年，汇浙行省参政事燕山图鲁公，实董馈事漕府，以有事于妃宫。公即斋沐登舟，弭节祠下。顾瞻宫宇之驰畅，忧形色立。漕臣于前戒饬乏，曰：朝廷严事天妃，洁蠲明诚，牲币器数，乐度舞缀，悉有攸司，载在祀典，至于列圣。岁遣近臣赐金函香，事事孔诚，犹恐弗至。今澛漕岸坊，崩亏若此，夫臣子之于君，父母先意，承颜尚惧，或失顾今，岂得自安哉！漕臣对以非迁宫不可，而迁宫之费甚繁，计无从出。爰积漕余，得中统钞二万五千贯，计赀量工，什裁二三无何。刘文明者跪于庭，拱而言曰"某常熟所海船户也。蒙神庇庥，漕海积年，衣食粗给。今参政公励精于上，漕府群臣尽瘁于下，事神恤民，可谓志矣。欲徙神宫，愿以已赀，合今漕府钞，悉委某料理，洎完毕焉。庶几川后妥灵，官政尽美。"于是，公与群僚咸加奖予。退而文明相地于神宫之稍西。乃徙宫其上，土埴燥刚，户向高平。经拘于是年正月。裁二视塑，用告落成殿寝、言门庑崇，梁拱森齐，舟艫朗润。凡兹视旧加壮。是岁春运达直沽，无一少损。文明念旧拱已圮，岁久自非。参政诸公督责严切，省幙都事王公庆，掾史常时等泰赞：群公克承，公志则是举也。几何而得就绪哉。文明既纪天妃之圣灵，以及官臣之庶绩庶几神人相与，取信无穷。若天妃之氏族灵异，往往散在传记，故兹不书。既于石，复为迎享送神曲以系之。其词曰：弥为渊南海陬，精灵生川后兮。川后生明灵帝，爰命尸沧溟兮。沧溟大森秘恠，既咸若不吾害兮。川后耒纷，云旗从群，龙耀金支兮。川后神海，若驯庙食，懿更千春兮。海安流漕政脩实，畿甸更千秋兮。后灵妥恒，福我新官，成璨灵琐兮。后驭旋云满川依，皇元千万年兮。

# 妈祖祭祀

浏河天妃宫的妈祖祭祀源自福建湄洲祖庙的妈祖祭祀，形制上大同小异，风格上隆重热闹。（妈祖祭祀的一般形式与内容在后文《天妃圣迹》中详述）

据郑元祐《重建漕漕天妃宫碑记》称：元代至元年间（1264—1294），春夏之间，漕运海舟汇集于刘家港，行省宰臣、督漕臣、守臣聚集祠下，在天妃像前卜吉，致大享礼，摆出各种祭品，继而"丝声弦乐，金石间奏，且轧箫管，吹之云霞，舞既歌阕，响振川陆"。

明永乐年间，郑和下西洋，庞大船队云集刘家港，郑和于刘家港天妃宫举行盛大妈祖祭祀。"舣舟祠下，官军人等，瞻礼勤诚，祀享络绎"。"行宫殿堂，益加修筛，然则管弦琴箫，悠扬悦耳，如入缥妙仙境，唢呐钟鼓，声振四方，恍如召神驱魔"。

浏河天妃宫妈祖祭祀礼仪共有十个单元。其一，祭祀时间，其二，祭祀开始，其三，奏放颂乐，其四，上烛进香，其五，敬献花果，其六，诵读祝文，其七，焚化祝文，其八，行鞠躬礼，其九，妈祖走街，其十，举办庙会。其中诵读祝文列为活动重点内容。

2011年4月30日上午，值妈祖诞生一千零五十一周年之际，天妃宫

2011 年 4 月 30 日天妃宫举行妈祖神像开光庆典暨祭祀活动

举行了妈祖神像开光庆典暨祭祀活动，同时举行了妈祖巡街等大型活动，鼓乐齐鸣，浩浩荡荡，群情振奋，一片祥瑞。

众人高唱迎神送神曲："弥为洲，四海陬，积灵淑，生川石兮；川石生，赫明灵，帝爱命，尸沧溟兮；沧溟大，森秘怪，既咸若，威不害兮；川后来，纷云旗，从群龙，耀金支兮；川后训，海若驯，庙食久，懿千春兮；海安流，漕政修，实畿甸，更千秋兮；后安灵，恒福我，新宫成，璨灵琐兮；后驭旋，云满川，依皇元，千万年兮！"

2015 年，浏河天妃宫于每年农历三月廿三日和九月初九的庙会祭祀活动"庙会（妈祖祭）"申报江苏省非物质文化遗产。2016 年 1 月，正式录入江苏省级非物质文化遗产项目。从此，妈祖祭祀活动就按照农历的日期进行，并且常态化。

# 太仓浏河天妃宫庙会（妈祖祭）

太仓浏河天妃宫"庙会（妈祖祭）"在 2016 年 1 月，正式录入江苏省级非物质文化遗产项目。

太仓浏河天妃宫，位于太仓市浏河镇新东街 90 号。始建于北宋宣和五年（1123），由旅居娄江口闽海商所建。元代至正二年（1342）移建于现址，距今已有八百多年历史，她比南京天妃宫早建一百三十年，是江南地区最古老、最负盛名、最具独特历史价值的妈祖宫庙。作为最早兴建的妈祖宫庙之一。浏河天妃宫历经元、明、清、民国多次扩建修缮，清道光四年（1843）林则徐任江苏巡抚时，曾重修天妃宫，至此初具规模，遂成祀奉妈祖的显要道教宫宇。前有照壁，山门、钟楼、鼓楼，入宫有正殿、后殿及道舍等。

庙会（妈祖祭）在浏河已有千年历史，早在天妃宫未建之前，出海渔民和商贾对妈祖的信仰已蔚然成风，逐步形成了妈祖的祭拜礼仪。浏河在

江苏省级非物质文化遗产牌

晋唐时以江滨渔村闻名，宋代景祐年（1034），苏州知府范仲淹亲临浏河，开茜泾、凿渔漕、通娄江，致渔村发展为集市，此后海运日渐昌盛而成为通商大港。渔民与商贾在开展商贸活动的同时也寻求海上保护神的庇佑，由此出现了供奉海上保护神而最早建立的妈祖庙——天妃宫。妈祖文化的传入引来了更多的渔民群体和商贸船队，大大促进了当地经济的发展。漕运船队经浏河口入海，每每在此祈求妈祖庇佑，延续了元、明、清三个朝代，使妈祖文化开遍大江南北。

六百多年前郑和从太仓起锚七下西洋时，每次都会来到天妃宫祭祀，祈求妈祖这位"海上女神"保佑他的船队一帆风顺。郑和亲植西域海棠，并于天妃宫正殿内立《通番事迹之记碑》。1911年秋，正殿毁于大火，仅

江苏省级非物质文化遗产庙会（妈祖祭）

存后殿，因中华人民共和国成立后改做粮库，得以幸存。郑和刊刻于浏河天妃宫的《通番事迹之记碑》，言简意赅，记载了那段史实："叙舟寺下，官军人等，瞻礼勤诚，祈享络绎。"郑和七次下西洋无往不胜，更使妈祖文化结出了丰硕之果。浏河人文荟萃的历史，同是妈祖文化璀璨的历史。

庙会（妈祖祭）礼仪的主要特征表现在具体的礼法，并依照礼法施以相应的动作。礼法与动作的统一，构成祭拜的内容。归纳起来有以下几个方面，即大、多、丰、广、诚。

大，指祭拜场面大。以漕运的祭拜为例，场面盛大，又有漕臣等官员参加。再以郑和的祭拜为例，其场面更是规模宏大。

多，指参加人数多。以漕运的祭拜为例，一支船队有百余艘大型帆船，拥有两千几百号人，除去留船值班者，通常每次参加人数不下两千。再以郑和的祭拜为例，船队有二万七千余人集体祭拜，又有群众参与，万人空巷，其场面史无前例。

丰，指所献礼品丰厚。如漕运每次祭拜均要"奉币"白银十箱，计千两。郑和直接代表了永乐朝廷祭拜妈祖，所献礼品之丰盛绝无仅有，无与伦比，如"献金"所奉上的黄金、白银等贵重之物。

广，指人员涉及面广。妈祖祭拜已不局限于一地，或一个国家，妈祖信众遍及全球，凡有华人的地方，就有妈祖信仰，就有妈祖祭拜。如台湾省人口有两千多万，信仰妈祖的人就有上千万之多，妈祖宫庙遍于台湾岛。

诚，指参拜者都怀着一颗虔诚之心，对妈祖毫无不敬之意。

## 妈祖祭祀的价值

### 文化价值

2016 年全国两会期间，国务院领导在参加福建代表团审议时指出，"妈祖文化包含海洋精神"，引起热烈反响。"十三五"规划纲要中，明确提出，要"鼓励丰富多样的民间文化交流，发挥妈祖文化等民间文化的积极作用"。千百年来，妈祖文化成为海上丝绸之路的重要组成部分，她传扬的自由、文明、包容、和谐、正义、合作、共赢成为"海丝"精神的延续。

妈祖，是以中国沿海沿江为中心的海神信仰。历代朝廷封妈祖为"夫人""妃""天妃""天后"，更被尊称为"天上圣母"，南方民间信众则亲切地称她为"妈祖""娘妈""阿婆"，北方信众习惯尊称她为"娘娘""海神娘娘"。妈祖祭祀，就是通过这种特殊的方式，表达对海洋的敬畏和追求，希望海神娘娘能护佑芸芸众生，不断挑战征服海洋的新高度。妈祖成为从事海洋生产过程中的保护神，为海上丝绸之路"勇敢、努力、拓展"注入力量，丰富了"包容并蓄、开放多元、创新发展"的"海丝"精神。妈祖文化在世界各地不断得到发扬光大，并且融合到当地的生活中，演绎成一种多内容、多方位、多角度的人文互动现象，成为海上丝绸之路活动传承的延续。

浏河天妃宫的妈祖祭祀与元以来的海漕、海贸以及明代的郑和下西洋相结合，更体现了一种胸怀大海、敢为天下先的奋斗精神与海洋文化价值。

现实价值

通过妈祖祭祀的形式，歌颂妈祖舍己救人的美德，可以净化人们的心灵，明确道德目标，使人与人和谐相处，对构建和谐社会意义重大。浏河天妃宫的妈祖祭祀宣传了妈祖文化，加深了与各地与海峡对岸的互动交流，增进了两岸一家亲的理念。以天妃宫与妈祖祭祀为窗口，还能加强国际间妈祖文化的交流，在世界范围内扩大妈祖文化的影响。与此同时，在妈祖祭祀系列活动中所展示的戏剧、曲艺、鼓乐、舞蹈、演唱等表演，既活跃了群众的文化娱乐生活，也可以推动当地旅游业的发展。

推广价值

其一，妈祖祭拜礼仪形式多样，通过这项活动可以弘扬传统文化，歌颂传统美德，净化人们的心灵。其二，可以与宣扬郑和伟大的航海精神相渗透，激发各行各业工作者的拼搏精神。其三，可以为各地开展的形式多样的祭拜活动提供礼仪上的参考，为规范妈祖祭拜礼仪奠定基础。其四，通过妈祖题材如小说、诗歌、散文、戏曲、故事、影视等创作，可以推动文化事业的发展与繁荣。

# 重大价值

　　浏河天妃宫是全国重点文物保护单位，为郑和七下西洋的重要历史遗迹地，也是古代丝绸之路的重要节点。浏河天妃宫是江南地区最古老、最负盛名、最具独特历史价值的妈祖庙。

　　浏河天妃宫是我国沿海沿江最早兴建的、祭祀人文先贤——妈祖的宫庙之一，同时也是元明时期海运漕粮、郑和航海的历史遗存。天妃即妈祖，当地人称娘娘，称天妃宫为娘娘庙。妈祖信仰自宋迄今已有千年历史，她是郑和船队的保护神。郑和在沿海各地打造了多座规模宏大的妈祖庙，并且恳请皇帝朱棣敕封她为"护国灵应弘仁普济天妃"，把它提升为国家级神祇。妈祖作为唯一的海洋女神，填补了中国神谱的最后空缺。

　　浏河天妃宫遗迹是见证元明大规模海运漕粮、明代郑和七下西洋等海运历史的重要遗迹，与多位杰出历史人物关系密切，也是妈祖文化广泛传播影响的具体例证，具有重要的文物价值和纪念意义。

## 年代悠久

　　浏河天妃宫是我国众多妈祖宫庙中存世稀少的早期产物。

据史料记载，浏河天妃宫，始建于北宋宣和五年（1123），此年妈祖首获敕封，距今近九百年历史。原址老浏河北岸五杨池（龙王湾）。元代至正二年（1342）移建于现址，距今也有六百七十多年历史。除了湄洲的妈祖祖庙（987），建于宋代的妈祖宫庙尚有莆田平海天后宫（999）、莆田圣墩天后宫（1086）、仙游枫亭天后宫（1098—1100）、蓬莱天后宫（1122）、庙岛显应宫（1122）、莆田白湖天后宫（1157）、泉州天后宫（1196）等。由此可见，浏河天妃宫的历史是十分悠久的。

浏河天妃宫始名灵济宫，曾有顺济宫、灵惠宫、灵慈宫、灵济天妃行宫、天妃灵应宫、圣妃宫、天后宫等一系列名称，民间称呼"娘娘庙"。它在地方志书上出现的年代，恰是妈祖庙首次获得皇帝封号"顺济"的同一年——北宋宣和五年（1123）。（元程端学《灵济庙事迹记》载："宣和五年，给事中路允迪以八舟施高丽，风溺其七，独允迪舟，见女神降于樯而免事。闻于朝，锡庙额曰顺济。"）皇帝封号是民间私祀转为官方公祀的标志。但浏河天妃宫始名并非"顺济宫"，而是更早的私祀庙号"灵济宫"，说明浏河天妃宫出现的时间起码早于皇帝的赐封，它当属古代中国最早的妈祖宫庙之一是确凿无疑的。

浏河天妃宫更是江南地区最早和最负盛名的妈祖庙。我们江南的妈祖庙也不少，上海、南京、无锡、常州都有。但是，年代最久远的妈祖庙当属浏河天妃宫，而名声的响亮也当仁不让。浏河天妃宫也是宁波以北沿海地区现今唯一的祭祀妈祖的历史遗存。据文献记载，浏河天妃宫同湄洲妈祖庙、泉州天后宫、天津天后宫一起被统称为大陆元代"四大妈祖庙"。因为浏河天妃宫的关系，浏河曾被称为天妃镇。

## 历史见证

浏河天妃宫是元明大规模海运漕粮和明代郑和七下西洋起锚地——太

仓刘家港的唯一历史遗址。

浏河天妃宫经历了元朝和明朝国家大规模的海运漕粮。海运漕粮就是走海路进行南粮北调。浏河古称刘家港，是元明时代海运漕粮的起点，终点是天津塘沽港。浏河天妃宫经历了明朝的郑和七下西洋，七次的始发地全部在刘家港。

无论是南粮北调，还是郑和下西洋，受社会历史条件和人们认识水平的局限，同时也与人们普遍需要精神寄托有关，船队每次开航或归航，都要到浏河天妃宫来祭祀妈祖，祈求或者感谢妈祖的保佑，这就使得浏河天

天妃宫秋景

妃宫与海运漕粮的肇始者朱清、张瑄，与七下西洋的指挥者郑和等著名历史人物有了密切关系。

此外，与浏河天妃宫关系密切的还有：元朝首航波斯湾的航海家、太仓州海运千户杨枢，清朝江苏巡抚林则徐。林则徐在1834年（道光十四年）也修建过浏河天妃宫。

但凡论及海漕历史，无法绕过刘家港。海漕的风险之大，也是一般今人难以想象的。元人藏梦解有《直沽谣》："……今年吴儿求高迁，复祷天妃上海路。北风吹儿坠海水，始知滇渤皆墓田。"志书另有"一夫航海，

举家诀别"之悲状描述。凡此种种，也决非虚言。因此，仰仗冥冥之中的妈祖来保佑维系国家安危的漕运，是当时举国上下的共同愿望。元廷对妈祖的全部五次褒封，均直接与海漕有关。元漕臣郑元祐《重建浏漕天妃碑》载："盖海舟岁当春夏运，毕集刘家港，而浏漕实当港之冲。故天妃宫之在浏漕（浏漕）者，显敞华丽，寔甲他祠。……当转漕之际，宰臣必躬率漕臣、守臣，咸集祠下，卜吉于妃，既得吉卜，然后敢于港次发舟。"此段碑文十分清晰地反映了古代漕运时期浏河天妃宫的至尊地位与至高价值。

与海漕相仿的情形——只要提及明代郑和航海，也无法不提刘家港及其天妃宫。郑和船队之所以得以完成七下西洋的伟大壮举，以郑和为首的全体成员无不认为仰仗了妈祖的"神助"。有郑和第七次开航前立于浏河天妃宫正殿西南墙壁间的《通番事迹之记》碑为证。这块郑和航海史中最著名、最有价值的石碑记载："海洋之状，变态无时，而我之云帆高张，昼夜星驰，非仗神助，曷克康济？"妈祖信仰当之无愧地成为郑和航海的精神寄托和力量源泉。于是，作为起锚港和归泊港的妈祖行宫——浏河天妃宫，必然成为郑和船队的顶礼膜拜对象。《通番事迹之记》碑载："若刘家港之行宫，创造有年，每至于斯，即为葺理。宣德五年冬，复奉使诸番国，舣舟祠下，官军人等，瞻礼勤诚，祀享络绎，神之殿堂，益加修饰，弘胜旧规。"浏河天妃宫由此又打上了郑和时代的深刻印记，成为郑和七下西洋在当今太仓市硕果仅存的、弥足珍贵的历史遗址。

综上，浏河天妃宫与元明海运漕粮、明代郑和七下西洋两大历史事件关系密切，是古代中国航海乃至世界大航海的历史见证物。因而，它是一处以郑和七下西洋历史事件为核心代表的、与特定的历史事件和特定的历史人物紧密相连的重要历史遗存，具有极高的历史价值——这也是浏河天妃宫历史价值的核心部分。

## 文物价值

浏河天妃宫是妈祖宫庙的经典规制与苏南古建筑的传统构造相互统一的典型实物。

浏河天妃宫在历史上规制完备。自南而北，月池、照墙、两边旗杆、左钟楼、右鼓楼、香炉、山门戏台、正殿、后殿楼以及两侧廊庑，一应俱全。这符合妈祖宫庙的经典规制。尽管正殿已于清宣统三年（1911）失火焚毁，山门戏台也于1960年前被拆除，现在仅存原建筑后殿楼、配殿以及廊庑，但在2005年复原了正殿遗址，加上1985年将宫内原花神庙移建而来的前殿（山门）、2007年新建的牌楼，历史轮廓基本清晰。而现存后殿楼在建筑构造上采用传统的抬梁与穿斗混合结构，规模宏大，造型庄重，用材讲究，工艺精湛，雕饰精美，又充分体现了明清时期苏南公共建筑的地方特点。因此，浏河天妃宫是保存完整的、经多代修缮的、现以明清风格为主的古建筑，具有很高的建筑艺术价值和建筑科学价值。1983—1985年，国内著名古建筑专家单士元、罗哲文、郑孝燮相继到浏河天妃宫考察，一致认定其具有极高的文物价值。

## 精神家园

浏河天妃宫是古代太仓人民共同的精神家园。

妈祖文化在传入太仓近九百年的沧桑岁月中，通过浏河天妃宫等宫庙宣扬并光大着，给予了太仓的先辈们以极大的精神慰藉与道德力量。浏河天妃宫的《通番事迹之记》碑载："复重建岷山小姐之神祠于宫之后，殿堂神像，粲然一新。官校军民咸乐趋事，自有不容己者，非神之功德感于人心而致乎？"这段碑文形象地反映出妈祖文化所产生的广泛而非凡的道德吸引力和感化力。这座精神家园式的妈祖庙从元代起就因为香火极盛，社会影响力十分强盛，而被以宫名替代地名，官民"咸称天妃镇"；到了清中期，康熙皇帝敕封妈祖为"天后"，又增称"天后镇"。这两个民间习称流传了数百年，足以证明浏河天妃宫曾是古代浏河地标性的建筑，也证明了妈祖文化的深入人心。明桑悦纂《太仓州志》载："有疾者，锣击鼓于天妃宫，还枷锁愿。官军泛海备倭者，春夏于宫中设醮祈福。凡若此者，濡染旧习不能顿更。"

而这一历史文化遗产所承载并折射出来的人文精神，诸如"扶危济困、明德博爱"的妈祖精神，"睦邻友好、开拓进取"的郑和精神，不仅在历史上使其荣登宣扬传统道德的制高点，成为民众道德教化的助推器，对于当今中国建设和谐社会也不乏现实意义，因而具有显著的普世价值。

## 文化传播

浏河天妃宫是继福建湄洲祖庙之后，中华妈祖文化最重要的传播高地之一。

浏河天妃宫地处东部海岸线中段的长江入海口，是我国南下北上、东出西进的江海"十字路口"，"人烟稠穰，海泊辐辏"。而其所在地刘家港又是名满天下的"六国码头""天下第一码头"。全国各地乃至外国商人会聚刘家港，各种不同文化的交流、碰撞、融合，为元末明初太仓经济文化的快速发展提供了重要的历史机遇，也为明清太仓文化的大发展奠定了坚实的基础。从文化传播学的角度看，突出的地理位置和港口优势无疑提供了绝佳的传播环境和传播渠道，而广泛会聚的传者和受众，最终为妈祖文化的二次传播创造了必备条件。如果运用语言、行为、仪式和艺术四种文化传播的基本方法进行考察，会发现太仓人古今习称浏河天妃宫为"娘娘庙"，近与南京人、远与天津人的习称完全一致。这是关于语言方面的传播例证。再用史载浏河天妃宫的祭祀仪式、常规礼仪以及节庆庙会等活动，去对比长江以北和中、上游地区的妈祖宫庙，还可以发现许多一脉相承的东西。而东出日本（此条航线至少在晋唐时期已经存在，浏河至今存有与日本贡使有关的"水带桥"），长崎兴福寺更是一个典型的传播例证。1620年，南京人带去了妈祖文化并创建了这座寺庙。这样的文化传播路径是十分清晰的。因此，浏河天妃宫不仅为太仓文化的发展，也为中华妈祖文化的传播做出了重要的历史贡献。

# 海漕与天妃

　　漕粮，专指旧时国家从水道运粮，供给京城和接济军需。唐宋时期，京城的粮食物资仰仗江南供给，杜甫曰"云帆转辽海，粳稻出东吴"，"吴中转粟帛，泛海陵蓬莱"。漕粮的运输水道主要是内河，但北方军需粮食依赖海运。娄江口有海运漕粮的船舶驻泊，今日浏河镇的漕漕河就因漕运而得名。太仓建州就是得名于"百万粮仓"。元代定都大都（北京），京城的粮食主要靠江南供应。初期江南地区粮食主要通过运河运到大都。但整条线路迂回曲折，时通时塞，严重影响京城地区粮食供应，致使元都经常出现粮食供应短缺的情况。至元十九年（1282），朱清、张瑄建议由海道运输江南米粮。忽必烈采纳了两人的建议，任命朱清、张瑄为漕运都万户，建造海船六十艘，专掌此事。从此开启漕粮海运。随后，元政府建立了一系列管理海漕的机构并不断完善。1287年，朝廷下令废除东平河运粮，全力经营海道漕运。

　　时刘家港"居大海之滨，控三江之口，西翼吴会，南蔽松郡，为崇明门户，三吴一重镇"。刘家港成为元代漕运始发港，京师粮食大多从刘家港起运。

　　但凡论及海漕历史，无法绕过刘家港。海漕的风险之大，也是一般今人难以想象的。元人藏梦解有《直沽谣》："……今年吴儿求高迁，复祷天妃上海路。北风吹儿坠海水，始知溟渤皆墓田。"志书另有"一夫航海，举家诀别"之悲状描述。凡此种种，也决非虚言。驾船者都希望得到神灵的护佑，这个神灵就是妈祖。仰仗冥冥之中的妈祖来保佑维系国家安危的漕运，是当时举国上下的共同愿望。元廷对妈祖的全部五次褒封，均直接与海漕有关。元漕臣郑元祐《重建澛漕天妃碑》载："盖海舟岁当春夏运，毕集刘家港，而澛漕实当港之冲。故天妃宫之在澛漕（澛漕）者，显敞华丽，寔甲他祠。……当转漕之际，宰臣必躬率漕臣、守臣，咸集祠下，卜吉于妃，既得吉卜，然后敢于港次发舟。"此段碑文十分清晰地反映了古代漕运时期浏河天妃宫的至尊地位与至高价值。

元代海漕的开通，对于中国古代经济的发展产生了深远的影响。由于朱清、张瑄在海漕的同时开发海贸，刘家港发展成为东南沿海的大港，富庶繁华。一时"漕运万艘，行商千舶，集如林木；高楼大宅，琳宫梵宇，列若鳞次，实为东南之富域矣。"太仓刘家港由海滨僻壤一跃而成为国内外客商云集的"万家之邑"。至元二十四年（1287），朱清"大通番舶，琉球、日本、高丽诸国商舶咸集太仓，称天下第一都会。"如此，海漕航道路线又与朝鲜、日本和琉球等国交通贸易的海上航线相衔接，促进了元代海外贸易的发展。刘家港也因此被称为"六国码头"。刘家港的开发与兴盛，为明代郑和下西洋奠定了扬帆远航的基础，也为太仓的经济发展，太仓州的建立与发展奠定了基础。

## 元代海漕祭天妃

元一代赐封，将天妃功绩上升到"护国"的高度。

天妃妈祖对于元代海运来说，犹如护国至圣。为此，元世祖忽必烈于至元二十五年，下诏"加封南海明著天妃为广佑明著天妃。"由于第三条海运航路的成功开通，运程时间仅为旬日，年运漕粮达到三百万石。元成宗乃于大德三年（1299），加封曰"护国庇民明著天妃"。元文宗天历二年（1329），"加封天妃为护国庇民广济福惠明著天妃"。元惠宗至正十年（1354），下诏加封"海神为辅国护圣庇民广济福惠明著天妃"。

天妃妈祖对于海运漕官来说，奉皇帝诏命祭祀天妃，鞠躬尽职，不敢有丝毫懈怠。元柳贯《敕赐天妃庙新祭器记》记述道：

> 岁运东南之粟三百万石实京师，常以春三月，夏五月上旬之吉，开樯刘家港，乘便风不兼旬日达直沽口。舟将发，临遣省臣率漕府官僚以"一元大武致天子"毖祀之命，荐于天妃，得卜吉而后行。精神盼向，如父母之顾复其子，无少爽也。至顺二年，岁在辛未，行省左丞买住公实董漕事，将祀之夕，会平章政事易释董公入觐道吴，因请公莅荐裸。翌日，公斋沐入庙，跪奠惟寅……

郑东撰稿之《资政大夫江浙等处行中书省右丞岳实珠公政绩碑》记述说：

> 祀事天妃，择日斋祓，宿于庙下，躬视祭器，牛马充腯，百礼备好，牲酒既陈。正冠以入，进退兴俯，诚敬殚尽。文武上下，不哗不傲。神嗜饮食，告以利行。万艘毕发，鼓铙喧嚣。棹工踊跃，讴吟满海。

郑东在另一篇《海道都漕万户府达鲁噶齐托音政绩碑》中，更为详尽地记叙道：

> 故事岁春秋，宰臣暨漕府长，祗奉皇帝命致祀海神天妃。公

虔恭斋袚，躬视牲酒，肥充洁新，一如法式。比于行事，进退兴府，始终恪诚神相。漕事涛风禁息，卒以无虞。

从以上记述，可管窥祭祀仪式之隆重敬肃，已达极致。主祭者是地方行政最高长官，如江浙行省中书左、右丞，或海道都漕户府事；祭祀前一天，先夜宿庙下，斋袚沐浴，一身洁净；还要亲临检视，牲品是否肥美鲜洁；更需要虔诚恭敬，不许喧哗，不得傲慢。发现庙宇损坏，则要筹款修缮；瞧见祭器陈旧，须另行打造。如《敕赐天妃庙新祭器记》文中就有记述：

公斋沐入庙，跪奠惟寅，顾见尊罍笾豆，践列参差，喟然叹曰："国家敬恭明神，洁蠲器币之意岂若是耶！"乃五月某甲子，上御兴圣官，官凑事，次请更造天妃庙祭器仪式，以诏神贶。有旨即赐交趾所贡黄金饮盏、承盘各二；又内出白金五锭，为二百五十两，敕公董成。凡器籍置庙中，备常荐。六月辛未，公橐金还吴，具宣恩旨，漕府官僚望阙称谢。已发公帑所储比年赐金五十两，总之为三百两，申饬金工准上供新制祭器品十二，香彝金奁各一件，其可名者合四十有九。

天妃妈祖对于海运船工来说，是唯一的海难救助者，航海保护神。元人程端学撰写的《灵济庙事迹记》中多有记载：

天历二年，漕运副万户八十监运，舟至三沙，飓风七日。遥呼于神，夜见神火四起，风恬浪静，运舟悉济。事闻，加今封庙曰"灵慈"。

至顺三年夏，余（纳臣公）押送至莱州洋，风大作，祷之。夜半见神像，顿息。其随感而应类此。神之庙普遍闽浙。

# 天妃护佑漕运故事

### 拯漕运救船保卒

元天历元年（1328），官方的漕运船入海启航，初时万里晴空，风平浪静，一路平安。船行至东海时，突然天色阴暗，大风骤起，乌云盖顶，恶浪如山。漕船颠簸，如一叶扁舟，随风漂泊。风浪七日七夜不停息，船上官兵，呕吐错眩，生死未卜。官兵无计可施，唯有向妈祖哀祷。之后忽见妈祖陟降，不久，风浪顿平，所有运粮船只，无一损失，顺利到达天津塘沽。粮官将事件如实奏闻皇上，皇帝下诏封"护国辅圣庇民显佑广济灵感助顺福惠徽烈明著天妃"，并遣官致祭江浙福建等处妈祖宫庙。

天妃护佑漕运

### 拒祭祀舟覆官丢

我国的漕运由河运改为海运自元朝始。凡漕运之船，主漕官员依例在启航前应往天妃宫祭祀，祈祷天妃神佑，方可开船。元文宗天历二年（1329），有一位主持海漕的官员，不顾漕运之例及船工的劝告，未祭祀天妃，便下令开船。结果，漕船在海上遇上大风，漕船之一半，翻沉海上，人亡粮失，前所未有。皇帝闻讯，大为震惊，将漕官撤职查办，并诏令翰林院太监宋本，至漕运沿途各天妃庙宇祭祀谢罪。从此，朝廷规定，漕运业祭祀天妃，为国家级祀典。元朝还指定沿海十八座天妃庙，这国家祀典之庙宇，每年派官依制祭典，违者必究。这十八座庙宇为湄洲祖庙以及天津、绍兴、淮安、温州、苏州、昆山、太仓、杭州、宁波、台州、福州、泉州、南平、莆田白湖等地的庙宇。

### 唤妈祖粮军逃劫

明朝至顺元年（1330），朝廷的漕运粮船又发生了一件妈祖护航脱险的故事。那年春天，漕运官船满载粮食，放洋出海。刚出海时，一路春光荡漾，水碧天晴，顺风扬帆。粮官凭栏酎酒，何等畅快！可天气说变就变，突然阴风怒号，浊浪排空，刚才春风得意，如今生死未卜，战栗哀号，叫天不应，叫地不灵。全体官兵，唯有狂呼"妈祖救我！"其声震天。哀求之际，忽然祥云瑞霭，只见空中朱衣拥盖，灯光熠熠，继而风平浪静，漕船复趋安稳，众官兵无不朝天而谢。奏闻朝廷，皇帝下旨，赐额"灵慈"。

### 呼天妃神女挽漕

明朝，我国的北方粮食仍然极大程度上依赖南方，因此南粮北运的海上漕运仍是朝廷的重要工作。洪武初年，漕运所动用的船队非常庞大，动辄船舶上百，士卒过万。有一次，漕运船队在北海遇上飓风，一时天昏地暗，飓风卷起千重浪，百艘粮船倾旦夕，万人生命悬一线，万石官粮毁瞬间。

此时，万人呼泣，君皇在哪里？父母在哪里？万余官兵船工在走投无路之下，唯有大叫"天妃救命！"天妃，只有天妃，闻声救苦救难！她来了，她是在大家肉眼能看到的情况下来了！她凤冠霞帔，神火相随。天妃一现，即时风平浪静，一帆风顺直送漕船到直沽。皇帝听了，惊讶不已，封"昭孝纯正孚济感应圣妃"。

### 庇佑漕运安无恙

据记载，道光六年（1826），江南有一支千余艘的漕运船队，一日船队抵达黑洋，遭到风暴，得到妈祖神灵护助，整个船队二三万人安然无恙。

# 郑和与天妃

"和等自永乐初，奉使诸番，今经七次，每统领官兵数万人，海船百余艘，自太仓开洋……"。从郑和在浏河天妃宫内所立"通番事迹之记"碑中可以看到，自 1405 年到 1433 年，郑和奉旨率领庞大船队，在二十八年的时间里，七次从刘家港出发，远航太平洋和印度洋，访问过爪哇、苏门答腊、苏禄、彭亨、真腊、古里、暹罗、榜葛剌、阿丹、天方、左法尔、忽鲁漠斯、木骨都束等国。最远到达非洲东海岸，加强了明王朝和东南亚、南亚、阿拉伯、东非诸国的友好交往、文化交流与贸易往来。

刘家港是郑和远航船队七下西洋的起锚地，每次下西洋的海舶达两百多艘，最多时达两百四十艘左右。其设施、装备、规模为世界古代航海史上绝无仅有。孙中山先生在《建国方略》中说"郑和竟能于十四个月中造成如此多艘大舶，载运二万八千人巡游南洋，为中国超前轶后之奇举，至今南洋人犹有怀想当年三宝雄风遗烈者"。梁启超在《祖国大航海家郑和传》中写道："自是新旧两陆，东西洋间交通大开，全球比邻，备哉灿烂""而我泰东大帝国，与彼并时而兴者，有一海上之巨人郑和在。"

即便如此，七下西洋的途中充满艰险，其难度与沿海的漕运不可同日而语，太平洋与印度洋的狂风恶浪，随时准备将下西洋的将士掀入海底。

郑和像

面对着不可预知的大洋，祈祷上苍的保佑，成为七下西洋之前必备的功课。这个上苍有个具体的形象，那就是从宋元以来就时时护佑着航海者的妈祖海神——天妃娘娘。

明代史料记载的妈祖神话，几乎都是与保护使节有着关联。郑和七下西洋期间，自始至终与妈祖文化关系密切，在历史上留下许多史迹。七下西洋，必须面对的是航程千难万险，尽管郑和得到明永乐帝（朱棣）的大力支持和远航船只、生活物资、航海技术等的充分准备。但是当时的科技落后，自然环境恶劣，随行将士们的思想要用什么来激励，精神上要有何种"境界"的寄托。这是一个不可忽视的战略性问题。在当时，妈祖文化已传播、发展，在人们的脑海中，特别是航海者中，妈祖已占据其他任何神灵都替代不了的地位。郑和选择了妈祖来作为七下西洋的思想、精神的寄托，为七下西洋的成功奠定基础。郑和下西洋至今已六百年，妈祖文化的不断演绎和发展，与郑和七下西洋重视妈祖文化的决策是分不开的。

郑和虽为阿拉伯后裔，但在宗教信仰上是个多元信仰者，且善于利用宗教力量，在七下西洋期间把一些自然现象造成的巧合，人为地描绘为妈祖的灵助，以此激发将士们战胜困难的信心。

郑和第一次下西洋回朝后，就极力推波助澜，描绘一些妈祖灵验的情景，还付诸行动，如奏请朝廷褒封修建妈祖庙。奏章得到明成祖朱棣的批复，下诏在南京龙江建天妃宫，并特加"护国庇民灵应弘仁普济天妃"封号。

据清朝乾隆年间出版、林清标辑的《敕封天后志》载："永乐七年，钦差太监郑和往西洋，水途遭遇狂飚祷神求庇，遂得安全归，奏上奉旨，差

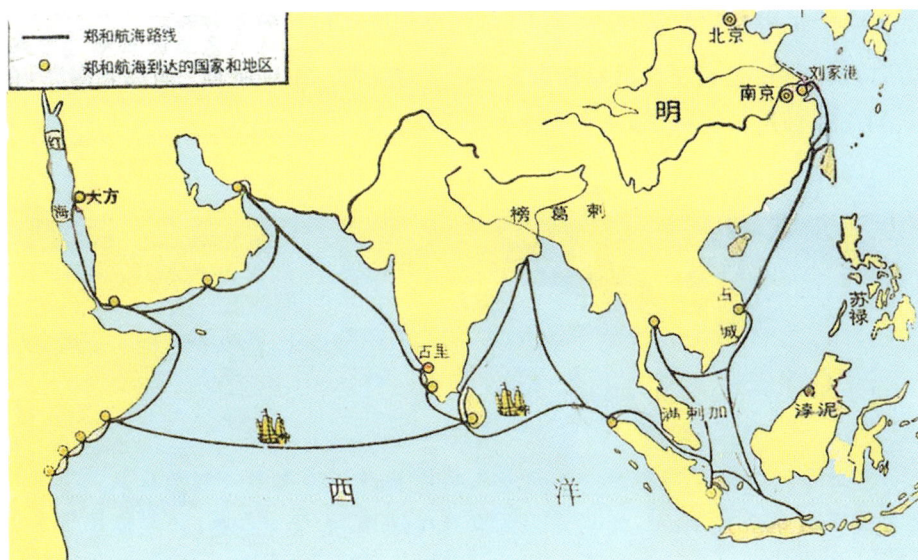

郑和航海路线图

官致祭……宝钞各五百贯。"

郑和为了使更多人信仰妈祖，把祭拜妈祖活动规格化。奏请皇帝，由皇帝下旨来诉说妈祖的灵验和功劳，然后对妈祖进行褒封，还由皇帝颁发诏书建造妈祖庙。如《湄洲屿志略》中就有这样的记载："制曰：惟昭考纯正圣妃林氏粹和灵惠，毓秀坤元，德配苍穹，功参玄造。江海之大，惟神所司佑国庇民，夙彰显应。自朕临御以来，屡遣使诸番及馈运粮饷，经涉水道，赖神之灵保卫匡扶，飞飚翼送，神光道迎炎欠，忽感通捷于影响，所以往来之际悉得安康，神之功德著在天壤必有褒崇，以答灵贶、兹特加封'护国庇民、妙灵昭应、弘仁普济天妃'，仍建庙于都城外，赐额曰：弘仁普济天妃之宫，爰遣人以牲礼庶羞致祭，惟神其鉴之。"这道诏书明确把妈祖再次褒封，赐宫名庙额，修建妈祖庙，这在当时是何等影响力。

之后，郑和每次下西洋回朝都奏请朝廷对妈祖进行褒封，到处修建妈祖庙，这一切都是在宣传妈祖的灵验，使各次下西洋中将士们对妈祖有了连续性的依托。

中华妈祖文化交流协会副秘书长、妈祖研究专家周金琰先生在接受采访时说，郑和七下西洋活动中曾多次进行祭拜妈祖，分别于永乐三年、七

漆画《郑和下西洋》(现存于郑和纪念馆)

年、十三年、十五年、十六年、十九年、宣德五年、宣德六年去湄洲祖庙祭拜妈祖。其中两次是郑和奉命亲自致祭：第一次在永乐七年（1409），也是郑和第三次下西洋时代表朱棣皇帝到湄洲祖庙褒封妈祖；第二次在宣德六年（1431），郑和第七次下西洋前在福建长乐停留时代表皇帝到湄洲祭拜。

周金琰还说："郑和下西洋，选择福建作为中途候风点，除地理因素、物资因素外，也依托妈祖作为精神支柱来战胜困难。妈祖信仰文化也在郑和七下西洋的过程中得到进一步发扬光大。"湄洲妈祖祖庙大殿中塑有郑和雕像，在江苏太仓，原郑和纪念馆就在妈祖庙内。在全国各地，很多地方把郑和下西洋与妈祖文化都连在一起。如今，妈祖文化成为中华优秀传统文化一部分，成为维系中华民族思想感情的纽带，成为联系海内外华侨华人的桥梁时，其中应有郑和的一份功劳。

## 郑和天妃祭祀

浏河天妃行宫即妈祖庙，俗称"娘娘庙"，始建于北宋宣和五年（1123）。郑和船队七下西洋，每次都在刘家港（今为浏河）天妃宫进香拜祭，祈求平安，并修葺天妃宫。郑和立"通番事迹之记碑"中记有"直有险阻，一称神号，感应如响，即有神灯烛于帆樯，灵光一临，则变险为夷。"又记有"……若刘家港之行宫，创造有年，每至于斯，即为葺理，……"。因天妃屡显灵验，朝廷加封为"护国灵应弘仁普济天妃"，动用库银大治刘家港天妃宫，雕梁画栋，金碧辉煌。宣德五年（1430），郑和等于第七次下西洋之前，勒石"通番事迹之记"碑于刘家港天妃宫宫壁中，并亲植西域海棠于前庭。第七次下西洋途中又在福建长乐天妃宫勒石"天妃灵应之记"碑，前后两碑行文基本相同，以备相互呼应印证。

郑和下西洋，于浏河天妃宫祭祀天妃娘娘，场面盛大，仪式隆重，据元代郑元祐《重建澛漕天妃宫碑》记述：

> 当转漕之际，宰臣必躬督漕臣、守臣，咸集祠下，卜吉于妃。既得吉卜，然后敢于港次发舟仍。即妃之宫，刑马椎牛，致大亨礼；饫脤牲肥，醇酽瓮斛，庶羞毕陈，丝声在弦，金石间奏，咽轧箫管，繁吹入云，舞既歌阕，泠风肃然填境；虎臣卒徒，擢舟扬舲，挝鼓鏦金，响振川陆，文严武齐，群拜听命而后举。

从这则记述，可知天妃宫祭祀仪式：首先是"刑马椎牛，致大亨礼"，又将"饫脤牲肥，醇酽瓮斛"，按祭祀规则一一陈列置放。"刑马椎牛"，可用真马真牛，亦可用纸札马牛。至于三牲，即全鸡、羊腿。猪头，应是刚刚宰杀的鲜肉上供。醇酒、酱料、皆用大瓮、斛斗，而且是专用祭器。

80年代天妃像

主要祭器有爵、登、铏、簋、笾、豆、筐、俎等容器。元以前，皆用青铜器。明、清时一度改用瓷制。乾隆十三年（1748），乾隆皇帝特敕廷臣议更古制，亲为厘定，恢复铜铸。接着是"江南丝竹"月奏，同时钟磬伴和。乐曲声中，"十六天魔"翩翩起舞，而天妃娘娘真人秀下凡降魔镇魔；舞歇歌欢，吟唱二阕。二阕歌词为《天妃救苦灵验经》中的咒词。上阕曰：

> 仰启敕封号无极，仁慈辅斗志灵神，威容显现大海中，德广遍施天下仰。
> 护国救民无壅滞，扶危救险在须臾。或游天界或人间，或遍波涛并地府。
> 邪魔鬼魅总皈依，魑魅妖精皆潜伏。变凶为吉如弹指，赐福消灾若殄微。
> 凡人有祷捧金炉，一切归心从恳祷。

而后，按道教祭祀规则，行"至心皈命礼"。主持道长高声呼唤道："普陀胜境，兴化湄洲，灵应威德非常，孝感神通广大。救厄而平波息浪，扶危而起死回生。大慈大悲，救苦救难，敕封"护国庇民著妙灵昭应弘仁普济天妃"。

而后，再"启请咒"，即歌咏下阕词章：

> 奉请三天都总管，九天游奕不曾停。上圣天妃功护国，敕封灵慧卫朝廷。
> 头戴花冠乘凤辇，身披翚服仗龙形。东列西华排鬼将，南征北讨助神兵。
> 剑佩斗牛光凛列，简书敕命扫妖精。威容显现人钦仰，心运慈悲雨露均。

救民护国主施恩德，祛害除灾利泽兴。威德周圆通上界，垂慈降世度群生。

山河社稷永安镇，雨顺风调保太平。散景分辉遍三届，人间天上日月明。

天上鬼神咸恭敬，奉敕皆令达上清。我今誓愿永受持，一心归命奉真经。

而后，天妃娘娘真人秀归位。祭祀众臣，致行大礼，虔诚膜拜。主持道长，则高吟"奉礼咒"，咒词曰：

阴德始生，阳关吉贞，威容烜赫，救度生民。斩魔除魔，速达上清。

三台来护，众圣皆迎。戴天腹地，步斗魁星。无忧不灭，无愿不成。

诵持神咒，道气长存。

而后，主持道长皆众道士念经文。（经文略）

而后，由主持道长，召唤天兵天将，念偈语：

敕封辅斗，显迹威灵，飞符走印，统领天丁。收捕奸盗，斩灭妖精，

扶危济险，护助天兵。邪魔永殄，疾病安宁，敬顺者泰，横逆者倾。

掩息火盗，断绝邪冥，东西南北，四方肃清。神威震肃，家国咸宁。

英烈天妃，善庆明时。游行三界，遍察灵祇。风雷卫护，兵

将维持。

中临人世，为殄灾非，下通地府，遍告神司。枉横者戮，杀人者诛。

施人者爱，谋人者追。一心归仰，万物咸熙。

主持道长作法降魔仪式结束。便有主祭官朗读祝文。祝文款式为："维年月日，某某皇帝特遣某某官等，致祭于护国庇民广济福慧明著天妃。"

接着，众道士高诵《迎送神曲》( 此歌为元人黄向为所作)，歌曰：

桂殿予兰堂，结绮梳予邃房；信美兮苏土，析木之野 兮吴之邦。龙为辀兮凤为马，篌丝兮压竹，舞芭兮献曲。五神兮四会，灵之来兮佑福。挚海人予为囚，缴飓母予青丘。孰阳侯予敢怒，伎海若予要流。飓游万舸予翼如云骧，忽渺弥予依神之光。载囷予载仓，维亿予维兆。谷之予粟之，王官兮帝里。嘻！天子仁圣兮大波不扬，我臣报事兮维敬恭上。峨峨灵官兮申命有锡，万年其承予帮家之祉。

天妃宫祭祀仪式结束。这之后，宝船启锚开航。主祭官员随众，目送宝船出港远去。

## 天妃护佑下西洋记述

明代，有一位曾出使琉球身历其境的文人张翰，在他的著述《松窗梦语·南夷》中，特记天妃娘娘身先海难之事说：

至往来海上，见巨鱼亘数十里，草木蒙丛，望之无异山峙，而舟人指示为巨鱼脊。一日，舟停不进，左突又倾，舟师跳跃而下，起云："鱼身也。人力无如之何，唯焚香叩首呼神。"俄而鸟止于桅，舟师云："天妃至矣。"众罗拜桅前。已而波涛冲激，风复飙起，舵忽损折，舟几颠覆。舟师惊惧，复焚香罗拜。俄而桅有火光及，卜请意舵不许。卜来时，许之。至旦，果风息波平，易舵而行。夫海若之神，其灵显若应。

郑和下西洋，为之特立的"天妃灵应之记"碑。也记述道："溟渤之间，或遇风涛，即有神灯烛于帆樯，灵关一临，则变险化夷，虽在颠连亦保无虞。""尤赖天妃之神护佑之德也。"

永乐十二年，奉命出使西洋的杨敏平安回国后，立即刊印《天妃灵验经》（该经文刊本现藏日本天理图书馆），并在卷末题识道：

大明国奉圣内官杨敏，法名佛鼎。于永乐十年十月十二日，钦承上命，率领官军船只往榜葛剌等国，开读营运公干。于永乐十一年四月初四日，行至安得蛮洋，遇值风飓大作。要保人船平安，恭礼圣前，启许印施《天妃灵验经》一藏，计五千四十八卷，是许之。果蒙圣力保佑，风波咸息而无虞，瞻仰四桅之上，神灯降照，惟圣感应如典如雷。敏不负盟，命工锓梓印施。

永乐十五年，郑和第五次下西洋时，有位同行的胜惠法师，在临行前曾向天妃发愿说："要保人船无事，发心告许《天妃灵验妙经》一藏，用作匡扶，祈求平善。"胜惠法师果然于永乐十七年平安归回，乃于永乐十八年刊印《太上老君说天妃救苦灵验经》一藏，以偿夙愿。此经现藏中国国家图书馆。

天妃如此神灵，因此而备受航海船工的尊崇，历代朝廷也非常崇祀。明朝敕封天妃为"护国庇民妙灵昭应弘仁普济天妃之神"。清廷加封为"天上圣母"。

在天妃宫左厢供奉着一尊"道公台"。这尊泥神像,"丰颐微须,乌帽紫袍",乃明代浏河把总邵应魁的供像。有文徵明所撰书的碑文为证。碑记曰:"公姓邵,讳应魁,字仕伟,号榕斋,福建闽县人。为浏河把总,尝浚河,有功德于民,故祀之。"这是曾任太仓州同知的傅振海,在他的《娄东小志》中的记述。此碑在明清两代,都被誉为"浏镇第一金石"。可惜此碑已亡佚不存。

传说,天妃楼上还供奉"狐仙"。借住过天妃宫的外乡人,都传闻见过狐仙闪现,声响隐秘。闻者都有畏惧。为解民忧,州同傅振海特安排前来省亲的两位儿子借宿,结果不为所祟,相安无事。傅州同乃作《夜做》诗,自我感叹:

> 学陆斋头吏似仙,平生诸事不瞒天;更深独自焚香坐,月照
> 虚堂一镜悬。

于是,傅州同不仅移除了"狐仙"供位,而且将天妃宫权做公堂,为民解忧办案。堂前三月,玉兰盛开,花片随风,吹堕机砚。傅州判不则得即兴赋诗。诗云:

> 江郎老去更清华,握管居然灿似霞。忽觉奇香生黑砚,春风
> 吹落讼庭花。

诗中所云"红黑砚",实是笔墨与朱批。这位大清光绪三十一年十一月十一日莅任的太仓州同知,就在天妃宫讯案自春至秋,历经半载,寝食俱废,民欢始毕。可谓是倾心尽职的清官。

与海漕相仿的情形——只要提及明代郑和航海,也无法不提刘家港及

其天妃宫。郑和船队之所以得以完成七下西洋的伟大壮举，以郑和为首的全体成员无不认为仰仗了妈祖的"神助"。有郑和第七次开航前立于浏河天妃宫正殿西南墙壁间的"通番事迹之记"碑为证。这块郑和航海史中最著名、最有价值的石碑记载："海洋之状，变态无时，而我之云帆高张，昼夜星驰，非仗神助，曷克康济？"妈祖信仰当之无愧地成为郑和航海的精神寄托和力量源泉。于是，作为起锚港和归泊港的妈祖行宫——浏河天妃宫，必然成为郑和船队的顶礼膜拜对象。"通番事迹之记"碑载："若刘家港之行宫，创造有年，每至于斯，即为葺理。宣德五年冬，复奉使诸番国，舣舟祠下，官军人等，瞻礼勤诚，祀享络绎，神之殿堂，益加修饰，弘胜旧规。"浏河天妃宫由此又打上了郑和时代的深刻印记，成为郑和七下西洋在当今太仓市硕果仅存的、弥足珍贵的历史遗址。

## 天妃护佑下西洋故事

### 神灯指引御敌法

明朝永乐十一年，夏秋之际，郑和率领一支庞大的舰队，载着两万多官兵下西洋。这样非凡的气势，惊动了海内外，但也吸引了海盗觊觎的目光。不久，郑和的舰队进入了南海。这是海盗最为猖獗的地区，虽然郑和每次都是有备而来，但是每次都会遭到这里的海盗之王陈祖义的突然袭击。当天晚上，郑和在舱里休息，很快就进入了梦乡。这时，一盏红灯飘到他的床前，眨眼就化作了一个身着红裙子的女子。睡梦中的郑和吃了一惊，迷迷糊糊地赶忙从床上坐了起来，跪下就拜。他知道是神女显圣。海神知道郑和一生忠义，就把御敌之法详细地给他说了一通。郑和也正是在海神妈祖的指点下战胜了陈祖义，写下了郑和七次下西洋辉煌篇章。郑和也屡次上表永乐皇帝，宣称"天妃神显灵应，默伽佑相"。于是明成祖朱棣下令在湄洲、长乐、太仓、南京等地建了天妃妈祖的庙宇，还亲自写了"御制

天妃护佑下西洋

"弘仁普济天妃宫之碑"碑文，盛赞天妃妈祖的功德。

保护使节脱险难

据记载，郑和七次下西洋每次都遇到惊险，三次是船队遇到海寇掠夺和受到锡兰山国王亚烈苦奈儿陷害；一次是船队为苏门答剌国生擒；三次是船队在海上遇到飓风和险情。每次都说得到妈祖神灵庇护而脱险。

据记载，永乐七年，钦差尹璋出使，同年钦差陈庆等往西洋；永乐十三年，钦差内官送甘泉于榜葛剌国，同年太监王贵等又奉命往西洋；洪熙元年（1425）乙未，钦差内官柴山往琉球；嘉靖十一年（1532），钦差给事中陈侃等人往琉球册封；嘉靖三十七（1558）年，复遣郭汝霖等出使；均得天妃神助而安全往返。

### 天妃立云定风浪

郑和第一次下西洋时，是明永乐三年（1405），郑和初航前往暹罗等国。船队云帆高悬，浩浩荡荡。当船至广州大星洋时，突然大风骤起，洪涛如山，波峰浪谷，巨舶如叶，上下颠簸，船之将覆，舟工请郑和向天妃祈祷，郑和祷告："和奉命出使外邦，忽遭风涛危险，身固不足惜，恐无以报天子，军士生命，系于一发，望神妃救之。"郑和祷毕，忽闻鼓吹之声，一阵香风，宛见天妃飒飒飘来，立于云端，旋即风恬浪静，转危为安。郑和船队在经过三佛斋时，又遇海寇陈祖义，也得天妃神助，剿灭海寇，郑和回国之后，立即奏明皇帝，朝廷封妈祖为"护国庇民妙灵昭应弘仁普济天妃"，下旨修建南京天妃宫，遣太常寺少卿朱焯祭告；又命福建守官重修泉州天妃宫，并规定以后所有出国使者，必先到天妃宫祭祀祈佑，方可启程。

### 占上风反败为胜

郑和第三次下西洋时，是永乐七年至九年（1409—1411）。郑和同指挥陈庆率领水师在西洋遇上海盗打劫，因处于下风，海盗乘风而攻，郑军节节败退。眼看海盗得逞，陈庆立刻祷告天妃，祈求神助。说时迟那时快，陈庆的话音才落，即见大风突然反向，猛吹海盗船，郑和水军占了上风。只见大风把贼船吹得东倒西歪，郑军乘势攻击，转危为安，穷追贼寇，擒贼擒王，大获全胜。郑和及陈庆率全军将士叩谢神恩："反败为胜，转祸为福，再造之德，山高水深。"郑和歼灭海盗后，继续率舟师前往各国。

### 祷妃佑擒王平乱

郑和在第四次下西洋的时候，也就是永乐十一年至十三年（1413—1415）。郑和统率舟师往忽鲁谟斯等国，其苏门答腊国，有伪王苏斡刺寇犯本境，其王里阿比丁遣使赴阙，向郑和陈诉求救，郑和立即率领官兵剿捕。他一边行军，一边向天妃默祷，求神力庇佑，打败伪王。结果，在天妃神佑之下，大获全胜，活捉伪王，平息叛乱，至十三年归。是年，满剌加国王率妻子来朝进贡。

### 扬赤旌神镇恶风

郑和在第六次下西洋的时候，是在永乐十九年至二十年（1421—1422）。永乐十九年，郑和在途中派钦差内使张源前往榜葛剌国。船行至东海洋中，天气突变，刮起大风，一时间天昏地暗，波巨如山，涛高及桅，把船抛得江倾西斜，危在旦夕，人人变色，全船哭泣，急祷求于天妃。祷告未毕，忽见狂风旋舞，风中见有赤旌飞扬，转眼间，风平浪静。原来赤旌飞扬，为神灵拒飓之力。郑和自外国返回，特制袍幡往妈祖拜谢。

### 化螺女阻登鳌山

郑和第七次下西洋是在宣德六年至九年（1430—1433）。郑和出发之前，先修刘家港之天妃宫，刻石立碑，行前按官例在妈祖庙中祭祀，祈求妈祖庇佑出使平安，顺达顺归。祭祀之后，即行启程，太监杨洪同行。船只三十，涉阿丹、暹罗、爪哇、满剌加、苏门答腊、木骨都束、东卜剌哇及竹步八国。船行多日，一路平安。一天，突见大洋之中，有一大山横亘于前。众人见有一岛，自是雀跃，以为可以登岛一游，以解多日颠簸之劳。正欲登岛之际，见有女子提筐采螺，众迫视之。杨洪恐众人放肆，大声喝止。忽然女子不见，大屿已没，方知前所欲登之屿，乃巨鳌浮现，欲诱众人上钩。其女子乃天妃现身，救此数十人之生命也。

## 郑和纪念馆

1983 年，国务院委托交通部、江苏省政府在郑和下西洋启锚地浏河镇，筹建"郑和纪念馆"。为纪念郑和下西洋五百八十周年，在中央、省、市支持下，太仓县出资五十五万元，聘请古建筑工匠，大修浏河镇天妃宫，重建前殿、配殿、厢房、碑廊等，改建后殿（原正殿已毁，后殿便成主殿），冠名"郑和纪念馆"。主殿供奉郑和塑像，文官形象，和平使者，神采奕奕。四壁有描绘郑和下西洋的大型磨漆壁画，楼上陈列着郑和七下西洋事迹的文物资料，殿前有大型石雕"锚泊瀛涯"，吸引着全国各地成千上万的人来浏河镇参观瞻仰。大殿立柱上，由邑人王君麓撰、著名书法家徐梦梅手书楹联为："七次下西洋乘风破浪刘家港口扬旌纛，威名传后世铭碑雕像天妃宫里纪功勋。"

1985 年，纪念郑和下西洋五百八十周年时，太仓地方政府把浏河天妃宫改为郑和纪念馆，举办了纪念郑和下西洋的国际学术研讨会，举行了《郑和下西洋五百八十周年》邮票发行仪式，中央电视台进行了拍摄报道。到

郑和纪念馆

郑和纪念馆冬景

2005 年，为纪念郑和七下西洋六百周年，天妃宫内的郑和纪念馆重新修缮开放，喜迎海内外郑和研究学者、嘉宾及旅游观光者。

重新修缮的郑和纪念馆恢复了天妃宫正殿遗址，"虽旧貌不再，然石础方砖依旧，片瓦碎瓷，不掩沧桑，透露历史信息，昭示文化底蕴"。对郑和塑像则进行了重新彩绘，使其光彩更甚。对周围的绿化环境也重新进行了营葺，使文化与自然生态融合一体。新的展览陈列既保持了过去的历史实物，又有所创新。《郑和航海图》采用最新技术成果，光影效果更加逼真。展览分为"世界航海史上的伟大创举""郑和航海的重要基地——太仓""郑和在太仓和刘家港""郑和遗迹遍神州"等四个部分，突出了"热爱祖国、睦邻友好、科学航海"的主题，以及太仓作为郑和七下西洋起锚地的重要遗存。

## 附录1：郑和主题公园

2008年7月，新建的太仓市郑和主题公园在"中国航海日"前对外开放。郑和主题公园建在距天妃宫北十余千米的长江边上。广场上矗立着高达十八米的郑和铜像，水面上停泊着一比一比例复制的郑和二号宝船。郑和主题公园内建有郑和纪念馆，是公园内最具有纪念意义的景点。郑和纪念馆外观看上去犹如千帆竞发的船队，不仅还原了郑和船队远洋的历史文化，而且融入了现代设计理念，于2009年7月11日正式对外开放。郑和纪念馆总建筑面积2300平方米，展厅面积2000平方米。新的郑和纪念馆建成后，原来天妃宫内的郑和文物资料，在一一清点，登记造册后，移入郑和纪念馆。天妃宫则恢复原貌。

## 附录2：郑和下西洋系列纪念活动

1985年7月11日，在南京人民大会堂召开了伟大航海家郑和下西洋五百八十周年纪念大会。中央有关领导同志、部分中顾委委员、中央有关部门和省、市负责同志，以及航海界知名人士、专家、学者、港澳地区代表和南京市各界代表三千余人参加了纪念大会。人大常委会副委员长叶飞，纪念郑和筹委会主任委员，中国航海学会理事长彭德清，交通部部长、中国航海学会副理事长钱永昌，江苏省省长顾秀莲，海军副司令员聂奎聚等同志在纪念大会上讲话。这次纪念活动是一次具有历史和现实意义的群众性郑和航海学术性研究活动。

太仓市的纪念活动则主要围绕新建在浏河天妃宫内的郑和纪念馆进行，开馆仪式，学术研讨，电视播放，邮票发行，形式多样而气氛热烈。

自1985年纪念郑和下西洋五百八十周年，以后每年7月，浏河镇都进行郑和下西洋纪念活动。活动既在全镇范围内举行，又在具特殊意义的天妃宫举行。纪念活动形式多样，有宗教式的天妃祭祀，有歌舞晚会，有巡街游行，有征文活动，也有专家研讨，等等。2003 年起每年的 7 月，太仓市把纪念活动升格为"中国·太仓郑和航海节"，以更好地弘扬开放、探险、勇于实践的郑和精神。2005 年第三届"中国·太仓郑和航海节"期间，先后举办"纪念郑和下西洋六百周年国际学术论坛""扬帆天下"大型综艺晚会、纪念邮票首发式、中新马泰联合集邮展览、郑和船队后裔回家寻根等一系列活动。与香港凤凰卫视共同举办"重走郑和路"下西洋系列电视行动，"凤凰号"帆船从浏河口出发，沿着郑和当年航线扬帆起航。闭幕式又举行"鹏起娄江"大型彩船巡游、焰火晚会等活动。三十多个国家和地区两百多位中外学者参加学术研究活动，为国内外媒体所关注。中央电视台《中华文明之光》《再说长江》摄制组也来浏河拍摄。太仓还举办了《纪念郑和下西洋六百周年征文》活动，得到了国内外各阶层人士的热烈响应，来稿以各种形式讴歌了郑和下西洋的历史意义与现实意义。

7 月 11 日是郑和下西洋首航的纪念日期，2005 年 4 月 25 日，经国务院批准，将每年的 7 月 11 日确立为"中国航海日"，作为国家的重要节日固定下来。同时也作为"世界海事日（3 月 17 日）"在中国的实施日期。这是对中国历史悠久的航海文化及民族精神的传承与发扬。

2005 年，在纪念郑和下西洋六百周年的时候，沪浮璜路和浏太路的交会处（大转盘）矗立起一座高高的标志性建筑物"扬帆起航"。这座七层楼高的浏河镇镇标，主体为七根白色的帆，寓意郑和七下西洋；每根帆上均有二十八根横杆，是指二十八年时间，郑和从永乐三年（1405）到宣德八年（1433）七下西洋的总时间；底座长 14.05 米，意味着 1405 年，郑和船队开始下西洋。底座面南的一面写着"郑和七下西洋启锚地"，面东的一面写着"扬帆天下走向世界"，面北的一面写着"全国重点镇"大字，面西的一面写着"江尾海头第一镇"。

# 浏河古镇与天妃

## 天妃镇盛况

《百城烟水》有记："元时，每岁海运，当擎风怒涛无措之际，则叫号灵妃，延颈俟命，忽樯桅之巅有绛炬栖集，则神至而无虞矣。累遣降香致祭，锡护国庇民广济明著天妃之号，以灵慈为额。始自至元二十六年，僧宗坦建于崇明西沙，后坍于海。至正三年，坦之孙移建于此。十五年，毁于兵灾，七世孙道夔重建。明洪武间改封昭孝纯正灵应孚济圣妃，额曰圣妃宫。每岁部兵官海运储粮，往回致祭。永乐初，遣使诸番及馈运粮饷褒祭，复敕封护国庇民妙灵昭应弘仁普济天妃。"

因浏河天妃宫地处镇中轴重心，故元明时期民众咸称浏河镇为天妃镇。历来浏河天妃宫香火鼎盛，渔船货舶出海前必向天妃娘娘进香，祈保平安。浏河天妃宫时为地方经济文化活动中心。

朱清、张瑄既受命负责海运漕粮，又组成远洋贸易。"巨艘大舶，帆交番夷中，田园宅馆遍天下，舆骑隘门巷"。东南数郡士民率皆私造大船出海，交通琉球、日本、满剌加，交趾诸番，往来贸易，悉以刘家港出入，地方赖以富饶。《太仓州志》记载"六国码头"刘家港的繁华情况："粮艘

清代雍正年间刘河海口及镇区部分沿河景物

商船，鳞次栉比，高樯大桅，集如林木，税家漕户，番商夷贾，辐辏圜圚。琳宫梵宇，朱宅大门，不可胜记，四方谓之第一码头。"朱清、张瑄家族成为刘家港豪门巨族。优厚的市舶之利，使刘家港一带漕户、富家、市民、船主等趋之若鹜，纷纷筹资经商，驾船携货远涉重洋，与番夷互市，往往以一本得十利、百利，涌现出一批腰缠万贯的大海商。六国码头著名海商巨贾，除朱清、张瑄、罗璧家族外，还有顾颛、殷明略、何敬德、沈万三等。元郭翼《昆山谣·送友人》："吴东之州娄江东，民庐蠹蠹如蠭房，官车客马交驶横，红尘轧投康与庄，鸡鸣闹市森开张，珠犀翠象在道旁，吴艎越舰万首襄，大帆云落如山崩……"清金端表《刘河纪略》记载，"在前元时，海舟千艘所聚。维时海舫番舶，奇珍玮宝，络绎候馆，鲛人海贾之利几遍天下。田肥民富足，供国家百万之财赋，其利赖于东南者甚巨"。

这样的盛况，造就了天妃宫香火的异常鼎盛，天妃宫前街市的空前繁盛。天妃宫前是刘家河（今老浏河），河岸有长长的石阶，船系驳岸，上岸拾阶过照壁、石坊而入殿敬香。每年农历三月廿三日妈祖生日和九月初九妈祖升天之日，浏河天妃宫门前的河岸系船一条一条逶延数里，场面壮观。与春秋两季祭祀与两季鱼汛同步的是春秋两季的庙会。宫前广场，每逢庙会之期，各地商贩，都来设摊营业，各种小百货、农耕具、土特产，应有尽有。杂耍猴戏，占卜卖唱，三教九流，无不具备，热闹非凡。

同时，浏河天妃宫的古戏台闻名于世，重檐歇山顶，青灰筒瓦，正脊龙吻双尾作 S 形上翘，直刺青天，显得古朴灵动。左右垂脊各立瓦神戏文武将，靠旗长枪栩栩如生，整个构件规正精致，富丽纤巧。戏台整体结构不用一根钉，而且风格奇异，造型独特。庙会热闹，戏班子更是唱个不停。白天，密密层层的桅杆相依；晚上，星星点点的灯火辉映。船主们请来了戏班子，你一台我一台，日夜不停地唱啊，跳啊，庆贺财神进门。船民们聚集到娘娘庙（即天妃宫），烧香磕头，"还船"许愿，祈请天妃娘娘保佑平安。这时候，做买卖的，看热闹的，逛庙市的，舞枪弄棒的，耍猴卖唱的，补锅缝鞋的，纷纷凑在一起，拥挤着，折腾着，喧嚣着……一直热闹到成群的货船、渔船驶离港口。

每逢海运粮船出海或郑和船队远航，祭祀的隆重自不必说，街市的繁荣同样远近闻名，天妃镇以往的辉煌可以想见。

## 城隍庙

天妃宫配殿原为城隍庙，俗称老镇城隍庙，明弘治十年（1497）太仓建州，立州城隍庙于朝阳门内。我镇绅商士民"每逢塑望"，比入州城敬奉，栉风沐雨，跋涉艰难。"清康熙时，州邑城隍庙遭大火，尽为赤地。时刘河镇商贸繁盛，星象家辗传城隍守护神灵在刘河镇屡现祥瑞。康熙五十一

城隍庙

城隍庙大殿内王掞题匾额"天监在兹"

年（1721），文渊阁大学士、礼部尚书王掞回乡，伸商士民告知守护神灵验，助吾刘地昌盛之事。于是王掞等捐资于天后行宫右侧建太仓州城隍行宫，俗称老镇城隍庙。该庙宇前有仪门，列有轿班塑像。门楼上建戏台。后有大殿，供奉身穿官服的城隍老爷。公案上置印架、箭筒、文房四宝，旁边册书吏、衙役俱全，还有旗、幡、伞、盖，以及肃静回避、官职品级等硬牌，俨然是人间府、县太爷的大堂。王掞题匾额"天监在兹"于大殿中。建成后。乡民传闻："目睹出祭之日，仗卫显赫，舆从骈集。城隍老爷身披白袍，庄严肃穆，伴以锣鼓阵阵，丝竹低吟，自东南巡阅海道而归，毕驻于城隍庙。保佑吾镇昌盛达数万年。"清末明初，老镇城隍庙屡有兴修，香火很盛。新中国成立后，曾被作为粮库之一部分而保存。1985年天妃宫重建时，置配殿于原城隍庙旧址。20世纪90年代配殿恢复为城隍庙，供奉城隍等神像，香火又盛。

## 与天妃宫相关联的古镇景区

浏河古镇以天妃宫为中心，辐射四周，联结起老街老桥老宅，形成以天妃宫为核心的古镇景观区域。

老浏河和浏漕河两岸，依然保留着明清风貌的古色古香。窄窄的长街，楼宇相连，浅浅的流水，重桥相衔。在天妃宫周围的老街区，有老浮桥与水带桥二桥相交形成的"双桥望月"，有中津桥、茹经桥、永安桥、明德桥等串联起的"浏漕古韵"，有范公亭和范公井，有傅焕光手植松，有朱氏老宅和邵滨孙纪念馆，有吴健雄墓园，还有历史文化长廊和邢少兰艺术馆、张晓峰艺术馆、郁宏达艺术馆组成的艺术天地等景观。这些景观，环抱和映衬着天妃宫，使得浏河天妃宫更添上一层历史的古朴和厚重。

澛漕河沿岸

## 太仓声援五卅运动旧址

天妃宫位于太仓市浏河镇。天妃宫前的广场是解放前浏河地区游行集会的主要场所。

1925 年 5 月 30 日，"五卅惨案"发生后，临近上海的太仓学生立即以示威游行，宣传募捐，抵制英、日货等行动声援上海人民的反帝爱国斗争。为了救济上海罢工工人，6 月 7 日，省立第四中学师生在学校礼堂义演话剧《生死关头》，每场观众达五百余人。7 月 14 日，浏河各校师生借天妃宫演剧三天，募款救济上海失业工人。所募款项全部存入银行，集成大数后转送上海学生联合总会，以援助上海工人的罢工斗争。

在学生爱国热情的感召下，太仓的社会各界爱国力量都积极行动起来，

太仓声援五卅运动旧址牌

汇合成一股强大的反帝爱国斗争的洪流。许多黄包车夫、搬运工人、小手工业者，不顾自己的生活困难，自愿将一天的微薄收入悉数捐献，支援上海罢工工人。社会热心人士积极配合学生的反帝爱国斗争，集资开设国货公司，专营国产百货，掀起提倡国货，抵制英、日商品的热潮。浏河地区的社会各界人士在天妃宫前的广场集会游行，抗议帝国主义的暴行，声援上海的"五卅"反帝爱国运动。天妃宫成为太仓声援"五卅"运动的主要场所之一。

## 附录：太仓其他天妃宫

自宋至清，太仓境内曾拥有多座天妃宫。著名者，一在刘家港浏河口澹漕（澹漕河东侧），一在太仓城内周泾桥北。此外，浮桥、七丫、新镇等地也曾建有"娘娘庙"。澹漕天妃宫就是现在的浏河天妃宫。而太仓城内天妃宫早已不在，"天后宫在周径桥北……春秋仲月癸日，州县合祀。今毁"。

但它与浏河天妃宫一样，曾见证了元明时期三十里刘家港的繁荣。

## 太仓天后宫

《太仓州志》所载"灵慈宫"，乃太仓城内的"天妃宫"。元至元二十九年（1292），由都海道漕运万户府事朱清肇建，大德年间，海道千户朱旭再扩建。《太仓州志》载："朱旭，字子阳，清子。为忠显校尉，海道千户。不乐仕进，退居田园，从士大夫游。通经史，工书，兼好施与。"其父朱清，乃刘家港的开创功臣，累官至参知政事，都转运使，领海运万户府。然而，朱清升官不久，遭"构言"告发，终被逮至大都下牢，而卒于狱中。其子孙亦遭流放。至大三年（1310），冤案平反，朱清长子朱虎复职，在授还漕万户，赐所籍宅一区，田百顷，并诸孙放还太仓守墓。朱旭是朱清二子，也赐授海道千户。但朱旭已深恶官场凶险，便不乐仕进，而尽享田园之乐，朱旭创建"灵慈宫"，正是他"兼好施与"的义举，但朱旭肇建"灵慈宫"，还另有隐情：名为敬祀天妃，实为祭奠茅氏。茅氏乃朱旭兄长朱虎的发妻。朱清诏逮下狱，朱虎流放海外，茅氏及两个幼子亦遭入籍为奴的处罚，茅氏被逼成为京师太医院提点官师旦的家奴。但茅氏誓不失身，搂着两个子女，以裾结，昼夜不分。任凭师旦威逼利诱，茅氏始终坚贞不屈，号泣不息。朱虎故人王大卿等，便筹钱捐款，终将茅氏赎回，安置到永安尼姑庵。但茅氏思念丈夫、子女，终至悲忧而卒。朱旭儿子朱谦呼吁州官请报茅氏贞节（事见元杨惠《昆山郡志》）。于是，朱旭乃出资扩建了"灵慈宫"，借此祭奠茅氏。这便是建在太仓城内的"天后宫"。元统元年（1333），朝廷特遣吏部侍郎边春出为海道都漕运万户，又重修了周泾"灵慈宫"。事见郑元祐《侨吴集》卷十一《前海道漕运万户大名边公遗爱碑》文。周泾"灵慈宫"才名正言顺地祭祀天妃，而且"每春夏，运行省官躬率漕吏守、士吏大祭祠"。

### 新镇天后宫

清康熙开海禁后，浏河镇南北洋商艘云集，海贸繁盛，天后宫（即今浏河天妃宫）香火昼夜不绝。"数以千计进港待泊的货船绵延于海口达数里，耽迟拥挤，恒失敬神之礼。"乾隆三十年（1765），通州船商刘氏与吕四船商彭氏等于新镇墅沟口，另建天后行宫，以昭船商诚敬，新镇天后宫大殿规模宏伟，与浏河老镇行宫无异。天后娘娘金塑神像，仁慈安详，香火特盛，乡里老人、长者均能道其详。虽后殿宫楼未建，然已耗银逾万。咸丰十一年（1861）五月初二日，宫中正在演戏，乡民围观，俄而太平军突至，商民大乱。伶人速避，身免于难。大殿被焚，烈焰止于午夜。之后海船鲜见，新镇商贸衰败。同治元年，乡绅里老议重建新镇天后行宫，据鱼鳞图册所载：该天后行宫地号为"九百九十一，经清丈得宫基为七亩七分"。然因费资甚巨而无法筹募作罢。

# 文化交流与活动

2018 年，苏州市人民政府台湾事务办公室授予浏河天妃宫"苏州市对台交流基地"称号。这个称号的获得，是浏河天妃宫十几年如一日努力的结果。

2009 年，太仓市道教协会正式接管天妃宫，天妃娘娘重新入主主殿，而郑和则从天妃宫移驾至太仓郑和主题公园内。主殿前"锚泊瀛涯"的雕塑，除基础保留外，锚及石则换成一尊高高的香炉。主殿前两侧，竖立两

苏州市对台交流基地牌

2009年"颂妈祖　祈幸福"文艺联欢会

块石碑，一曰"通番事迹之记碑"（与碑亭之"通番事迹之记碑"形制异内容同），一曰"浏河天妃宫返三清碑"。《通番事迹之记》，当然是说郑和事迹的，而《浏河天妃宫返三清》则讲述了天妃宫的沿革及重返道教之因缘。而主殿东南侧的城隍庙，也得以重塑城隍、文昌、财神三尊神像，各归其位。于此诸事顺遂，善男信女，各得其所。

2009年4月18日，为庆祝妈祖诞生一千零四十九周年，在浏河天妃宫举行隆重的妈祖祭祀活动。活动依照《妈祖祭祀礼仪》所定内容进行，由当时天妃宫主持人诵读祝文。焚化祝文后，在宫内广场举行盛大的文艺演出。

2010年5月6日，为庆祝妈祖诞生一千零五十周年，天妃宫举行祭祀活动，同时举行妈祖巡街大型活动，鼓乐齐鸣，浩浩荡荡，群情振奋，一

2011 年 4 月 30 日，浏河天妃宫修复开放暨妈祖神像开光庆典

片祥瑞。

　　2011 年 4 月 30 日，重修后的浏河天妃宫举行隆重的修复开放暨妈祖神像开光庆典活动。台湾省著名妈祖庙北港朝天宫分灵浏河天妃宫的黑面妈祖神像于 4 月 29 日到达上海浦东国际机场，随后迎驾至天妃宫主殿内安座。4 月 30 日，举行北港朝天宫妈祖神像巡街和天妃宫妈祖神像开光仪式，苏州市道教协会法务团主持了开光仪式。江苏省民族宗教事务局、苏州市民族宗教事务局、苏州市道教协会，太仓市委宣传部、市委统战部、市人大、市民宗局，太仓市浏河镇党委，台湾省北港朝天宫，全国台企联、苏州市台商会以及昆山市、太仓市、常熟市、张家港市等市（区）的台商会会长和其他领导嘉宾们共同出席此次盛会。当天活动迎来二百二十多家台商企业及五千多名妈祖信众的热情参与，呈现出浓浓的妈祖文化气息，也

妈祖巡街

将海峡两岸同胞共同祈祷天下太平的心愿表现得淋漓尽致。

　　浏河天妃宫举办两岸文化交流活动，借妈祖文化之缘，着力打造对台文化交流平台，努力提升当地经济水平，为两地同胞搭建"心灵契合"的情感桥梁。

　　2015 年起，浏河天妃宫与国内各地妈祖宫庙和海峡对面的台湾省妈祖宫庙的交流呈现出形式多样化的发展趋势，并且与浏河镇的民间节庆活动相交融，时间节点更多，活动平台更大，活动内容更丰富，活动规模更盛大。

## 妈祖缘，两岸情

　　2015 年 7 月 8 日—12 日，举行"妈祖缘，两岸情"（太仓—台湾）海峡

2015 年 7 月 8 日，"妈祖缘　两岸情"海峡两岸文化交流活动

两岸妈祖文化交流 5 周年活动。

　　7 月 8 日上午，"妈祖缘，两岸情"海峡两岸文化交流活动暨太岁神像捐赠仪式在太仓浏河天妃宫举行，由台湾省知名宗教界人士翁秋菊筹资捐建的六十一尊神像跨越海峡，安座于浏河天妃宫主殿二楼。妈祖文化是中华民族的宝贵遗产，是海内外华人文化共同的纽带，也是娄东文化的重要组成部分。这六十一尊神像的圆满交接，为太仓和台湾省搭建起一座妈祖文化交流的桥梁，对促进海峡两岸宗教界和睦相处、加强两岸文化交流具有很重要意义。

　　中国道教协会张凤林副会长到场并致辞。台湾省天坛旨万通寺方丈、万通寺慈善协进会理事长翁秋菊女士与太仓市统战部副部长、民族宗教事务局局长包炳祥先生为天妃宫太岁殿揭牌。

## 慈行天下，欢度重阳

2016 年 10 月 9 日，举行"慈行天下，欢度重阳"海峡两岸宗教慈善周活动暨天妃宫山门殿神像开光庆典活动。参与总人数约三百。

活动由太仓市道教协会、太仓市台湾同胞投资企业协会、台湾省高雄万通寺、高雄慈善协进会共同发起。活动内容包括扶贫、帮困、敬老、助学、救灾等公益慈善活动。

太仓市道教协会和太仓市义工联合会交换慈善合作协议书。浏河镇、太仓市台办领导代表太仓民族宗教事务局和太仓市道教协会向太仓市台湾省同胞投资企业协会和台湾省高雄天坛旨万通寺颁发"齐同慈爱，扶危济困"的荣誉证书。浏河镇、台办、太仓市民宗局、太仓台商会、台湾省高

2016 年 10 月 9 日，"慈行天下 欢度重阳"海峡两岸宗教慈善周活动

雄万通寺、道教协会等领导向十名家庭代表颁发捐赠物品。

## 江海一脉，孝传千载

2017 年 10 月 28 日—29 日，举行以"江海一脉，孝传千载"为主题的海峡两岸妈祖文化旅游节暨天妃宫慈善周活动。活动旨在传承光大重阳文化"孝礼之道"与妈祖文化"大爱之道"的中华精神文化，展示妈祖精神、妈祖文化。

活动内容包括：海峡两岸妈祖文化旅游节暨天妃宫慈善周活动开幕式，开幕式上，有海上丝路唯美舞蹈、孝善主题汉服诵读、浓情九九音画舞联袂献艺、巨型九层重阳糕全民分享；"醉美浏河，醉美夕阳"百姓舞台，中

2017 年 10 月 28—29 日，海峡两岸妈祖文化旅游节

2017 年妈祖祭祈福法会

老年们用美丽的舞姿与动听的歌喉，展现着不老的魅力，他们是浏河醉美的夕阳红；浏河古镇"浓情九九"主题游园会，长街花灯，扶老携幼，欢乐祥和；海峡两岸联合祈福法会，共同的心愿，共同的祝福，为中华振兴、民族复兴祈祷；海上丝绸之路妈祖文化交流展，展示妈祖精神和妈祖文化、妈祖文化与海上丝绸之路建设的影响，还有各地妈祖文化交流展示。

活动得到了太仓市委统战部、太仓市民政局、太仓市民族宗教事务局、太仓市台湾事务办公室、太仓市旅游局、太仓市台湾同胞投资企业协会、台湾省道教总庙（三清总道院）、台湾省高雄市万通寺慈善协进会等单位的支持参与。

# 同承妈祖精神，情连圣母故乡

2018 年 5 月 8 日，在浏河天妃宫汉白玉妈祖像广场隆重举行纪念妈祖诞辰一千零五十八周年暨"太仓·莆田"妈祖缘、两地情祈福法会。

此次活动，受到了太仓市福建商会、太仓市莆田商会的大力支持。活动旨在"同承妈祖精神，情连圣母故乡"，为在太仓工作、生活的妈祖乡亲寄托一份对妈祖的敬仰之心，构建一个温馨的精神家园。

2018 年 10 月 17 日（农历九月初九，重阳节），妈祖羽化升仙纪念日，举行"妈祖文化同传承，海丝共绘新时代"——太仓·浏河海峡两岸妈祖文化旅游节暨重阳慈善周活动。

江苏省道协、苏州市道协，苏州市台办、太仓市委统战部、市民政局、市旅游局、市民宗局、市台商会，市福建商会、莆田商会，浏河镇的领导和嘉宾出席了开幕式。

仪式上，苏州市台办正式授予浏河天妃宫"苏州市对台交流基地"称号。

2018 年 5 月 8 日，纪念妈祖诞辰一千零五十八周年暨"太仓·莆田"妈祖缘、两地情祈福法会合影

2018 年 10 月 17 日，举行岸妈祖文化旅游节

当天下午，来自海峡两岸的民众共同举行了声势浩大的妈祖祭祀巡街仪式。

作为省非遗项目的天妃宫庙会（妈祖祭）在浏河古镇进行妈祖巡游，展示妈祖传统文化习俗，吸引了成千上万的市民与游客。祭祀巡游路线：天妃宫—滨河街—河西街—中津桥—新东街—天妃宫。妈祖巡游把当天的活动推向高潮。

## 两岸一家亲，共谱海丝情

2019 年 4 月 27 日，举行纪念妈祖诞辰一千零五十九周年暨第二届太仓·莆田"妈祖缘，两地情"庆典活动。

为弘扬传统文化、同承妈祖精神、情连圣母故乡，太仓市浏河天妃宫

2019 年 4 月 27 日，举行纪念妈祖诞辰一千零五十九周年暨第二届太仓·莆田"妈祖缘，两地情"庆典活动

管委会联合太仓市福建商会、太仓市莆田商会等团体机构举行纪念妈祖诞辰一千零五十九周年暨第二届太仓—莆田"妈祖缘，两地情"庆典活动，共同寄托对妈祖的敬仰之心，体现出作为一名妈祖人的情怀。

2019 年 7 月 26 日，举行"两岸一家亲，共谱海丝情"——海峡两岸道教宫庙联谊活动。

此次活动以"两岸一家亲，共谱海丝情"为主题，来自台湾省高雄天坛旨万通寺、高雄万通寺协进会、台中台湾省道教总庙（无极三清总道院）、宜兰大福补天宫、高雄福清宫、高雄三龙宫、高雄内门顺贤宫等台湾省道教宫庙的六十余名代表和苏州道教界的道长共聚一堂，畅谈道教文化弘扬经验，书写对两岸和平发展的殷切期盼，表达献力献策实现中华民族伟大复兴的美好愿望。

2019 年 7 月 26 日，"两岸一家亲　共谱海丝情"海峡两岸道教宫庙联谊座谈会

浏河天妃宫向高雄天坛旨万通寺、台中台湾省道教总庙无极三清总道院等宫观赠予象征友谊的"两岸一家亲，共谱海丝情"牌匾。浏河天妃宫与高雄天坛旨万通寺、台中台湾省道教总庙相互赠送了表达天妃信仰、期盼两岸和平统一的书法作品。来自莆田的妈祖信众和太仓市道教协会的道长分别表演了国家级非物质文化遗产——"莆仙十音八乐"和太极拳；台湾省高雄万通寺王靖鑫女士和太仓市浏河书法协会会长张晓龙先生进行了书法合作献彩。

苏州市民族宗教事务局、苏州台湾事务办公室、太仓市长江口旅游度假区、太仓市民族宗教事务局、太仓市台湾事务办公室、太仓市浏河镇等相关部门的领导和苏州市道教协会部分副会长参加了开幕式。

自 2011 年以来，太仓浏河天妃宫充分发挥道教同根同源的优势，立足天妃信仰，加强与台湾省道教界的沟通交流，已连续举办九届两岸道教文化交流活动。

此次参加"2019 海峡两岸道教宫庙联谊活动"的台湾省道教宫庙代表还将参访苏州玄妙观、苏州城隍庙、苏州园区玉皇宫和崧泽道院，并与各宫观道长开展道教文化交流。

## 妈祖缘，三地情

庚子年初，一场突如其来的新冠肺炎疫情席卷全球，扰乱了人们的生活和工作。因疫情防控工作需要，浏河天妃宫一切信仰与祭拜活动停止。在党的领导下，我国抗击新冠肺炎疫情斗争取得重大战略成果，疫情得到基本控制。从下半年起，生活和工作渐趋正常，天妃宫的祭拜活动也得以恢复，交流和节庆活动也逐步展开。

2020 年 10 月 25 日（庚子年重阳节），妈祖羽化升仙一千零三十三周年之际，各界人士共聚太仓天妃宫隆重举行"妈祖缘，三地情"庆典活动。

2020 年妈祖祭祈福法会

2020 年十音八乐《天妃宫行》首发仪式

正值全国上下全面复工复产，举办此次活动意义在于祈愿国家昌盛，人民安康！

出席活动的有苏州市和太仓市统战、民宗、台办方面的领导和人士，有上海书画名家，台湾省企业界人士，福建商会人士，以及浏河镇的有关领导。

活动当天举行 2020 年天妃宫慈善周活动，资助二十户贫困户。天妃宫命名为"全国莆商十音八乐创作基地"，"上海江南书画研究院创作基地"同时揭牌，并发布与首演《天妃宫行》乐曲。

# 天妃圣迹

## 妈祖信仰

### 信仰形成

浏河天妃宫供奉的天妃娘娘，就是妈祖。浏河天妃宫供奉的妈祖，源自以福建莆田为代表的海神信仰。

出于对大海的敬畏，在海上航行、捕鱼的人们，面对着惊涛骇浪，希望得到救助，因为自身的无能为力，于是把生的希望寄托于神祇的庇护上，海神妈祖应运而生，偶然中包含着必然。

妈祖，是以中国东南沿海为中心、包括东亚和东南亚等地区信仰的海神，是历代船工、海员、旅客、商人和渔民共同信奉的神祇。相传妈祖的人世真名为林默，又称默娘，福建莆田人。因林默娘救世济人，泽被一方，被朝廷赐封，沿海人民便尊其为海神，立庙祭祀，妈祖信仰从此产生。妈祖信仰从产生至今，经历了一千多年，起初作为民间信仰，后来成为道教信仰，最终成为历朝历代国家祭祀的对象。

2009 年 9 月 30 日，经联合国教科文组织政府间保护非物质文化遗产委员会审议，决定将"妈祖信俗"列入世界人类非物质文化遗产代表名录。

这是我国首个信俗类的世界遗产。

目前海内外学者普遍认为，妈祖不是杜撰的偶像，而是从人民中走出来的、被神圣化了的历史人物。林默娘的"里中巫"身份，是妈祖信仰的原始形态。妈祖信仰产生在特殊的生态环境之下，与海洋渔业生产及其海事活动密切相关。渔民因海难丧生者不可计数，所以希望有海上守护神庇佑安全。妈祖的巫女身份，正好适应了人们的希求。她的能言人间祸福，济困扶危、治病消灾顺应了人们的愿望，所以在她死后立庙祭祀。此后，她的一个个神迹才接踵而至，并将她塑造成一位完美的女神。所以民间对巫术的信仰是妈祖文化得以形成的思想基础。

妈祖的一生，没有留下什么著作，没有所谓训诫或神谕。妈祖的真人形象在历代文献资料中也没有留下更多记载。所谓"显灵"，很多时候就是风浪中的一盏红灯，一只带路的小鸟，或者一声吼，"喝声风，风就不见了风；喝声浪，浪就不见了浪"（《三宝太监西洋记》）。历代文献都指出，奉祀妈祖，目的是"崇德报功"。这一信俗，包含了妈祖生前的"温良泛爱，振穷周急"、舍己救人的美德；也包含着妈祖被神化后，和人们一起战胜自然灾害，又努力实现与自然和谐共处的传说。

由于当地士宦的提议和倡导，朝廷也频频给予妈祖赐封，妈祖的地位变得越来越高。康熙十九年（1680），妈祖被赐封"护国庇民妙灵昭应弘仁普济天妃圣母"，康熙二十三年（1684）又被赐封为"护国庇民妙应昭应普济天后"，"天上圣母"和"天后"从此便成了妈祖的圣称。

妈祖信仰是中国最有代表性的民间信仰之一，她同样随着中国人的足迹传遍世界各地。海外华人祭祀妈祖，根本的目的是为了不忘记祖先，不忘记根本。妈祖本来是海上保护神，后来当她的职能逐渐扩大时，无论是商人、手工业者，也无论是难产或其他疾病，人们都认为妈祖能帮助他们排难解困。所以海外的华人同样建庙祭祀。人们总希望通过妈祖祭祀，将妈祖的博爱、扶弱济贫、勇敢无畏、不屈不挠的精神和尽孝的观念发扬光大，把妈祖文化的精髓融入日常生活中，并传给下一代。

### 信仰传播

妈祖信仰自宋代正式形成后，逐渐由福建沿海传至东南沿海，直至整个大陆沿海，并向东传播到台湾，向东北传播到日本，向东南传播到南洋诸国。随着越来越多的华人走出国门，走向世界，妈祖与妈祖信仰也走向世界各地。到 2020 年，妈祖神祇与妈祖信仰不仅遍及中国大陆，中国台湾、香港与澳门，还遍布东亚各国和东南亚各国，甚至远及欧洲、美洲与非洲。挪威，丹麦，法国巴黎，加拿大，美国檀香山、旧金山，墨西哥，巴西，新西兰，以及非洲一些地方，都有妈祖庙宇或祀奉场所。

台湾、香港、澳门的民间信仰大部分是从我国东南沿海，特别是福建一带传去的。如关帝圣君、观音菩萨、清水祖师、保生大帝、妈祖娘娘等。妈祖娘娘一直被台、港、澳渔民和航海者奉为海上保护神，在台湾同胞心目中占着重要位置，影响也最为深刻。一千多年来，特别是自宋徽宗以后历代帝王对妈祖的册典褒封，宋朝的灵惠助顺、元朝的漕运保泰、明代郑和与王景弘下西洋及清代施琅平定台湾等，使妈祖信仰在台、港、澳的传播更加广泛。

据统计，至 1930 年末，台湾妈祖庙有 335 座；1954 年增至 384 座；据《台湾地区神明的由来》一书说，目前台湾民间祀奉天上圣母为神的寺庙，已经超过九百座。妈祖庙宇名称不一，有天妃宫、天后宫、妈祖庙、天后寺、天后祠、圣母坛、文元堂、朝天宫、镇澜宫、安澜厅、双慈亭、中兴宫厝等；奉祀的妈祖，因来自大陆不同的地方而有不同的称呼，如来自兴化的称"兴化妈"，来自泉州的称"温陵（泉州旧称）妈"，来自龙溪的称"清溪妈"，来自同安的称"银同妈"等。在台湾的妈祖庙中，以台南 64座为最，高雄 60 座次之，再次为屏东及台中各 49 座，云林县 48 座，彰化县 42 座。台湾妈祖庙自清代以后不断增加，且几经修建，规模日益壮观。

进入 21 世纪，台湾妈祖庙的增加速度并未减缓，且与大陆的交流也日益频繁，而且交流已不限于妈祖信仰方面，还扩大到整个道教文化领域。

现澎湖马公镇的"提标馆"是所有台湾妈祖庙中最早的一座。澎湖妈祖庙创建年代虽未记载，但据日本学者的研究，均创建于元大德年间（1297—1307），并且当时还在庙前开了一个圩市叫"妈祖宫市"。

台湾较早的妈祖庙，其大多数是由湄洲祖庙分灵至台。自清嘉庆到清光绪年间（1796—1908），台湾海上贸易兴旺，经济发达，涌现出许多规模更大的妈祖庙，诸如台南大天后宫等，近年竹南天后宫又建起露天妈祖像。在妈祖庙中有镇殿妈、二妈、副二妈、副三妈、四妈，又有三郊妈、斑鸠妈，还有温陵妈、银同妈、湄洲妈等。除镇殿妈外，其他妈祖像可供每年轮流诞辰出巡之用。特别是早期的妈祖庙，在例定诞辰日有"遥拜"仪式，即在行"三跪九叩"礼节时，一律面向莆田湄洲祖庙施行。这一俗例充分说明台湾同胞永远怀念大陆的深远意义。

中国与日本来往极早，也极频繁。海神天后东渡日本，把妈祖信仰也传之日本。

古琉球天后宫。据文献记载，传入琉球的时间是在 14 世纪的明洪武年间（1368—1398）。琉球的妈祖庙有久米村的上天妃宫、那霸的下天妃宫和久米岛天后宫等三处。

日本神户、长崎及很多岛上都建有妈祖庙，有数十座，并成立了信仰组织"妈祖会"。日本长崎市内的有三大唐寺——南京寺、漳州寺和福州寺。日本长崎的妈祖堂的最大特点是由商会先建妈祖堂，然后把它拓建为佛祖和妈祖合祀的寺庙，把妈祖奉祀在寺庙中。而其目的在于祈求生意兴隆、海上平安。神祈的节日活动对日本的民俗起着深远的影响。后来日本商船上也安放了中国妈祖的神龛，作为海上航行的护船神。

东南亚妈祖的信仰，也随着华侨的南渡遍布于南洋各地。在马来西亚、新加坡、泰国、印尼、越南、菲律宾等地，都建有供奉妈祖的庙宇。其中以马来西亚和新加坡比较典型。马来西亚有三十多座奉祀妈祖宫庙，其中马六甲的青云亭创建于明隆庆元年（1567），最为著名。另有宝山亭，槟榔屿的观音亭（广福寺）也相当有名。在新加坡的天福宫、林厝港亚妈宫、林氏九龙堂等，也都供奉妈祖。马来西亚、新加坡等各地的地缘协会馆内也都兼祀妈祖。

妈祖信仰发展到现代，已经不是单纯的信仰，而是发展成为一种文化，一种老幼咸宜的通俗文化和道德力量，甚至延伸为广大人民群众喜闻乐见的文化活动；对妈祖的供奉和祭祀，已经不是单纯的对于海神的崇拜，而是一种对真善美的颂赞，对扶危救困的期盼，对平安健康的追求。在妈祖的身上，不仅寄托了广大百姓的精神与理想，也有利于和谐社会的建立与平安世界的构造。从妈祖信仰到妈祖文化，从海洋文化到普世文化，这就是天妃圣迹的历程。

## 妈祖身世

据宋代史料记载，妈祖姓林名默，福建莆田人，诞生于宋建隆元年（960）农历三月廿三日，宋雍熙四年（987）农历九月初九逝世。

林姓是福建望族之一。闽林始祖林禄，在晋永嘉元年（307）以黄门侍郎佐琅琊王司马睿渡江镇建业（今南京市）。十年之后，司马睿于建业即帝位，是为东晋元帝，林禄以招远将散骑常侍领合浦太守。太宁三年（325），林禄奉敕守晋安（今福建省之闽中、闽西和闽南沿海地区，治所在福州），卒赠晋安郡王。林禄的十世孙林茂，于隋代迁居莆田北螺村（今西天尾紫霄山一带）。迨至十六世孙林披，又迁澄渚（今西天尾镇澄渚村）。（林披明经出身，官终检校、太子詹事、苏州别驾，赐紫金鱼袋、上柱国，生九子，皆官至州刺史，世称"九牧林"。）妈祖的七世祖林蕴，在"九牧"兄弟中排行第六，唐贞元四年（788）明经出身，辟为西川节度推官，后擢为邵州刺史，卒后赐谥"忠烈"。林蕴后裔有一支居湄洲湾沿岸，地名叫忠门，即表其"忠节"之意，现在地名仍旧。妈祖的高祖林圉，五代时仕闽。曾祖保吉，仕后周，显德元年（954）任统军兵马使，鉴于天下纷乱，弃官归隐。祖父名孚，官福建总管。妈祖的父亲名惟愿（一说名惟悫），宋初官都巡检，母亲王氏。妈祖是这个家庭中的最小女儿。妈祖出身于仕宦之家，是福建晋代晋安郡王林禄的二十二世孙女。

相传宋建隆元年（960）岁次庚申三月廿三日傍晚，忽有一道红光晶莹夺目，从西北方射入王氏房内，异香氤氲不散，王氏俄而分娩，生下一个女婴，由于当时显有特殊征兆，必非等闲之女，也就特别疼爱，因为出生至弥月都不曾哭啼，便给她取名林默，小名默娘。默娘幼年时就很聪明颖悟，八岁从塾师启蒙读书读书，不但过目成诵，并且精通文义，十岁经常焚香礼佛，朝夕诵经未曾懈怠。还特别孝顺父母，敬爱兄姐，乡里和睦，人人称赞。十三岁有位老道士名玄通，到林家化缘，默娘诚恳接待，更加施舍财物。老道士深为感动，欢悦传授"玄微秘法"供日后去救渡世人。

长大后，她立志终生行善济人，矢志不嫁，父母顺从她的意愿。她专心致志地做慈善公益的事业，平素精研医理，为人治病，教人防疫消灾，大家都感颂她。她性情和顺，热心助人。不断为乡亲排难解纷，还经常引导人们避凶趋吉。世人遇到困难，也都愿意跟她商量，请她帮助。

生长在大海之滨的林默，还通晓天文气象，熟习水性。在湄洲一带海域里遇难的渔舟、商船，常得到林默的救助，因而人们传说她能乘席渡海。她还会测吉凶，必会事前告知船户可否出航，所以又说她能"预知休咎事"，称她为"神女""龙女"。

宋太宗雍熙四年（987）九月初九，是年仅二十八岁的林默羽化飞升之日，实际上她是在海上救难时去世。但在后来的传说故事中，林默羽化飞升这一天，湄洲百姓纷纷言说看见默娘乘长风驾祥云，翱翔于苍天皎日间。从此以后，航海的人又言常见默娘身着红装飞翔在海上，救助遇难呼救的人。因此，海船上就逐渐地普遍供奉妈祖神像，以祈求航行平安顺利。

相传默娘羽化升天后，湄洲屿上时常香雾弥漫，曾有多人看到妈祖身着朱衣，飞翔海上，神灵履显，救助遇难渔民无数，人们感其泽佑美德，在湄屿山上建祠供奉，尊称她为"通贤灵女"（这是世界上第一座妈祖庙，即今天的湄洲妈祖祖庙），在湄峰摩崖刻上"升天古迹"四大字，士人相率祀之。然后向外发展，各地建庙供奉，历代颁诏册封，逐步形成妈祖信仰和妈祖文化。

关于妈祖诞生地问题，查史料，清代后叶有两种说法。其一，妈祖诞生于福建莆田湄洲屿上林村（今湄洲岛石后村）。其二，妈祖诞生于福建莆田湄洲忠门贤良港（今山亭镇港里村）。避免争议的做法是，妈祖诞生于福建莆田，或者说，妈祖（林默）是福建莆田人。妈祖的羽化似乎没有争议，羽化于福建莆田湄洲屿（今湄洲岛）。

## 册典诏封

妈祖，生前博爱无垠，名闻遐迩；殁后灵迹彰显，声动朝野。自北宋开基显化后，历代帝王莫不尊崇有加，叠赐褒封，其中宋代十四次、元代五次、明代两次、清代十五次，共达三十六次。封号从"夫人""妃""天妃""天后"直至"天上圣母"，殊荣臻隆，无以复加。另一方面，还由朝廷颁布御祭。元代曾三次派钦差大臣到湄洲致祭；明代郑和七下西洋时，朝廷对妈祖的御祭达十四次之多；清康熙统一台湾后，又屡次派朝臣诣湄洲致祭；清雍正复诏普天下行三跪九叩礼；清乾隆五十三年颁旨举行春秋谕祭，"以彰灵感"，并载入国家祀典。湄洲妈祖祖庙祭典与陕西黄帝陵祭典、山东曲阜孔庙祭典，并称中国传统三大国家级祭典活动，在海内外久负盛名，直至列入首批国家级非物质文化遗产名录。妈祖信仰更成为联合国世界非物质文化遗产！

　　妈祖从一个海边奇女到四海之神，从民间信仰到朝廷钦定的历程，凸现了妈祖女神特有的魅力。随着漂洋过海的华侨、海员、移民以及外交使节的大力弘扬，妈祖信仰远播海内外，成为一种最具影响力的、跨疆域的民间信仰。

　　妈祖——一代女神就这样千百年来被人们传颂着，从莆田到福建，到中国沿海，再到海外，至今已遍布全世界四十五个国家和地区，有两万多座妈祖神庙和文化机构，三亿多妈祖敬仰者！


　　历代册典诏封

　　自北宋宣和五年宣和五年（1123）朝廷赐庙额"顺济"以后，至景定三年（1262）之一百四十年间，妈祖被宋朝诰封十余次，封号由"灵惠夫人"晋至"灵惠显济嘉应善庆妃"。兹将宋代政府敕封妈祖的年代、封号及原因，简单列表如下：

　　宋代政府敕封妈祖简表

| 年代 | 封号 | 原因 | 出处 |
|------|------|------|------|
| 宣和五年（1123） | 赐庙额〈顺济〉 | 庇佑赴高丽使节船 | 丁伯桂顺济圣妃庙记 |
| 绍兴二十五年（1155） | 崇福夫人 | 不详 | 昭应录 |
| 绍兴二十六年（1156） | 灵惠夫人 | 郊典 | 丁伯桂庙记 |
| 绍兴三十年（1160） | 加封〈昭应〉 | 助御海寇 | 程端学灵济庙记 |
| 乾道二年（1166） | 加封〈崇福〉 | 涌泉医疫 | 昭应录 |
| 淳熙十年（1183） | 灵慈昭应崇善福利夫人 | 温台剿寇 | 昭应录 |

续表

| 年代 | 封号 | 原因 | 出处 |
|---|---|---|---|
| 淳熙十一年（1184） | 加封〈善利〉 | 助捕海寇 | 丁伯桂庙记 |
| 淳熙十四年（1187） | | 助解旱灾 | 丁伯桂庙记 |
| 绍熙元年（1190） | 灵惠妃 | 御灾捍患 | 昭应录 |
| 庆元四年（1198） | 加封〈助顺〉 | 助风及捕海寇 | 丁伯桂庙记 |
| 庆元六年（1200） | 追封一家 | 护国庇民 | 昭应录 |
| 开禧元年（1205） | | 助御金兵 | 昭应录 |
| 开禧二年（1206） | | 助退淮甸金兵 | 丁伯桂庙记 |
| 嘉定元年（1208） | 加封〈显卫〉 | 不详 | 丁伯桂庙记 |
| 嘉定十年（1217） | 加封〈英烈〉 | 不详 | 丁伯桂庙记 |
| 嘉熙三年（1239） | 灵惠助顺显术英烈嘉应妃 | 阻钱塘堤决洪水程 | 端学灵济庙记 |
| 宝祐元年（1253） | 加封〈协正〉 | 济兴泉饥 | 昭应录 |
| 宝祐二年（1254） | 灵惠助顺嘉应英烈协正妃 | 旱祷助雨程 | 端学灵济庙记 |
| 宝祐三年（1255） | 加封〈慈济〉 | 不详 | 昭应录 |
| 宝祐四年（1256） | 灵惠协正嘉应慈济妃 | 不详 | 程端学灵济庙记 |
| 宝祐四年（1256） | 灵惠协正嘉应善庆妃 | 钱塘堤成有功 | 程端学灵济庙记 |

续表

| 年代 | 封号 | 原因 | 出处 |
|---|---|---|---|
| 开庆元年（1259） | 进封〈显济妃〉 | 火焚强寇 | 昭应录 |
| 景定三年（1262） | 灵惠显济嘉应善庆妃 | 助捕海寇程 | 端学灵济庙记 |

　　元代，朝廷仰赖江南漕粮，复以妈祖庇护海、漕运，屡予诰封或赐祭。至元十五年（1278）至至正十四年（1354）间，妈祖被诰封多次，封号由"护国明著灵惠协正善庆显济天妃"晋至"护国辅圣庇民显祐广济灵感助顺福惠徽烈明著天妃"。兹将元代政府敕封妈祖的年代、封号及原因，简单列表如下：

　　元代政府敕封妈祖简表

| 年代 | 封号 | 原因 | 出处 |
|---|---|---|---|
| 至元十五年（1278） | 护国明著灵惠协正善庆显济妃 | | 元史·世祖纪 |
| 至元十八年（1281） | 护国明著天妃 | 庇护海道舟师漕运 | 程端学灵济庙记 |
| 至元二十六年（1289） | 加封〈显祐〉 | 护岁漕运 | 昭应录 |
| 大德三年（1299） | 护国庇民明著天妃 | 漕运效灵 | 程端学灵济庙记 |
| 大德三年（1299） | 加封〈辅圣庇民〉 | 庇护漕运 | 昭应录 |
| 延祐元年（1314） | 加封〈广济〉 | 庇护东南漕运 | 程端学灵济庙记 |
| 天历二年（1329） | 护国庇民广济福惠明著天妃 | 庇护漕舟 | 程端学灵济庙记 |

续表

| 年代 | 封号 | 原因 | 出处 |
|---|---|---|---|
| 天历二年（1329） | 护国辅圣庇民显佑广济灵感福惠徽烈明著天妃 | 怒涛拯溺 | 昭应录 |
| 至正十年（1350） | 封父〈种德积庆侯〉母〈育圣显庆夫人〉 | | 元史·顺帝纪 |
| 至正十四年（1354） | 辅国护圣庇民广济福惠明著天妃 | | 元史·顺帝纪 |

明代，朝廷以开国时受"北极真武玄天上帝"阴佑颇多，奉为守护神；故妈祖声势平平，仅在洪武、永乐两朝受过诰封。洪武五年（1372），太祖诏封妈祖为"昭孝纯正孚济感应圣妃"；永乐七年（1409），成祖以妈祖庇护郑和出使西洋，加封为"护国庇民妙灵昭应弘仁普济天妃"；宣德年间，太监杨洪出使外国返国后，虽曾再以妈祖庇佑请封，但朝廷仅予赐祭。嘉靖十三年（1534），陈侃往琉球册封尚清为琉球国王，返国后也仅予赐祭而已。兹将明代政府敕封妈祖的年代、封号及原因，简单列表如下：

明代政府敕封妈祖简表

| 年代 | 封号 | 原因 | 出处 |
|---|---|---|---|
| 洪武五年（1372） | 昭孝纯正孚济感应圣妃 | 神功显灵 | 昭应录 |
| 永乐七年（1490） | 护国庇民妙灵昭应弘仁普济天妃 | 屡有护助功 | 昭应录 |

清朝入主中原以后，郑成功、郑经父子在台湾沿袭明朝做法，崇信北极真武玄天上帝，妈祖并未特别受到崇信。但明郑水师将帅士兵莆田籍者

颇多，清朝乃大力提倡妈祖信仰，并利用群众依附宗教之心理，首先促成莆田籍明郑水师副总督朱天贵率舟三百艘、将士二万余人降清，再命施琅率这支武力逼降台湾。妈祖既为清朝立了大功，清廷也予盛大回报，康熙十九年（1680），清廷首予妈祖诰封为"护国庇民妙灵昭应弘仁普济天妃"，康熙二十三年（1684），即施琅平定台湾次年，更予提升妈祖之神格，由妃晋升为后，诏封妈祖为"护国庇民妙灵昭应仁慈天后"。康熙五十九年（1720），正式将妈祖列为朝廷祀典，春秋遣官致祭。雍正十一年（1733）令沿海沿江各省建祠致祭，其祭仪与关圣帝君同。

总计清朝朝廷对妈祖的诰封，达二十次之多，其封号由康熙十九年的"护国庇民妙灵昭应弘仁普济天妃"，累晋至咸丰七年（1857）的"护国庇民、妙灵昭应、弘仁普济、福佑群生、诚感咸孚、显神赞顺、垂慈笃祐、安澜利运、泽覃海宇、恬波宣惠、导流衍庆、靖洋锡祉、恩周德溥、卫漕保泰、振武绥疆天后之神"。同治十一年，以妈祖封号字数太多，清廷遂以四十二字为限，永不加增。兹将清代政府敕封妈祖的年代、封号及原因，简单列表如下：

清代政府敕封妈祖简表

| 年代 | 封号 | 原因 | 出处 |
|------|------|------|------|
| 康熙十九年（1680） | 护国庇民妙灵昭应弘仁普济天妃 | 助克厦门 | 大清会典卷四四五 |
| 康熙二十三年（1684） | 天后 | 助克澎湖 | 大清会典卷四四五 |
| 康熙五十九年（1720） | 列入朝廷祀典 | 庇佑敕封琉球 | 昭应录 |
| 雍正十一年（1733） | 令各省建祠春秋致祭 | | 大清会典卷四四五 |

续表

| 年代 | 封号 | 原因 | 出处 |
|---|---|---|---|
| 乾隆二年（1737） | 护国庇民妙灵昭应宏仁普济福佑群生天后 | | 大清会典卷四四五 |
| 乾隆二十二年（1757） | 加封〈诚感咸孚〉 | | 大清会典卷四四五 |
| 乾隆五十三年（1788） | 加封〈显神赞顺〉 | 助平林爽文 | 大清会典卷四四五 |
| 嘉庆五年（1800） | 加封〈垂慈笃佑〉 | 鼓舞巡洋兵船 | 大清会典卷四四五 |
| 嘉庆六年（1801） | 加封父〈积庆公〉母〈积庆公夫人〉 | | 大清会典卷四四五 |
| 道光六年（1826） | 加封〈安澜利运〉 | | 大清会典卷四四五 |
| 道光十九年（1839） | 加封〈泽覃海宇〉 | | 大清会典卷四四五 |
| 道光二十一年（1841） | 加封父〈衍泽积庆公〉母〈积庆公夫人〉 | | 大清会典卷四四五 |
| 道光二十八年（1848） | 加封〈恬波宣惠〉 | | 大清会典卷四四五 |
| 咸丰二年（1852） | 加封〈导流衍庆〉 | | 大清会典卷四四五 |
| 咸丰三年（1853） | 加封〈靖洋锡祉〉 | | 大清会典卷四四五 |
| 咸丰五年（1855） | 加封〈恩周德溥〉 | | 大清会典卷四四五 |
| 咸丰五年（1855） | 加封〈卫漕保泰〉 | | 大清会典卷四四五 |

续表

| 年代 | 封号 | 原因 | 出处 |
|------|------|------|------|
| 咸丰七年（1857） | 加封〈振武绥疆〉 | | 大清会典卷四四五 |
| 同治八年（1869） | 加封左右二神为〈金将军〉〈柳将军〉 | 护运 | 大清会典卷四四六 |
| 同治十一年（1872） | 加封〈嘉佑〉并定以四十二字为限不得再增 | 护运 | 大清会典卷四四六 |

## 妈祖祭祀

祭妈祖，祷海神，祝平安，迎幸运。自宋元明清直至当代，妈祖祭祀历来为各地妈祖宫庙的重大宗教礼仪活动。

妈祖祭祀活动，有独特的方式与内容。但凡有奉祀妈祖的宫庙，其祭祀活动方式与内容也大致相同，其中尤以莆田湄洲祖庙最为典型，祭祀规格最高。湄洲祖庙的"妈祖祭祀"、山东的"孔子祭祀"和陕西的"黄帝祭祀"并称为中国三大传统祭典。

妈祖的宫庙祭祀分为日常祭祀和庙会祭祀，其中庙会祭祀时举行祭祀大典，妈祖祭祀大典于1788年列入清朝的国家祭典。

妈祖的祭祀活动通常包括祭器仪仗、祭祀形式、节日庆典、妈祖经文、有关民俗等。

### 祭祀仗器

祭祀妈祖，是妈祖信仰最主要的活动内容之一。民间供奉妈祖的主要群体是渔民和船工。用海产品供奉妈祖是渔民的特色，一些罕见的大蛤壳、海螺壳、大龙虾壳等，都作为供品陈列。大小节日庆典，还用面粉蒸制各种象征水族或其他神兽的供品。在许多宫庙中还藏着为数众多的船模，这是航海者和船工们奉献给妈祖的供品。一是祈求其航船能受到妈祖的护佑；二是征询妈祖神灵的意愿，然后动工造船。妈祖的供品中，往往还有形式多样的绣花鞋，名为"妈祖鞋"，以示向妈祖求子。

妈祖庙中的神龛，供桌及烛台、香炉、钟磬、鼓号和其他祭器，都是妈祖信仰的文物。莆田地区的漆金木刻工艺，普遍用于这一带妈祖庙的神龛。供桌的制作，不仅雕工精细，构思奇巧，且金光闪烁，令人世间炫目。至于供奉妈祖的各种祭器，如盘龙烛台、果盒、馔盒等也都是漆金木刻的珍品。在这些宫庙中，妈祖神像的装饰也极为华丽，有精镂细雕的银冠、铜冠、绚丽多彩的龙袍、霞帔、珠靴及朝珠、玉圭等。

在妈祖信仰的民俗文物中，数量最多、品种最丰富的当推妈祖出游用的全套仪仗器物。其中有刺绣人物、花卉、龙虎图案的清道旗；凉伞、凤辇；漆金木刻的香亭、銮驾、鼓亭、伙食担、香火担；龙眼木雕的硝桶、黄杨木雕硝角、起马牌；斩怪刀、驱妖牌、龙头牌、龙头仗及"天上圣母"衔牌、"肃静""回避"牌等；铜号、铜镜、雪花槌、大刀、钺及鲤戟、犀角画戟、凤凰牧牡丹烛屏等铜器。此外，还有大小灯笼、火铳及其他器物。每当妈祖出巡或谒祖进香，所有这些仪仗器物由着装打扮的侍神、中军、文曹、武判、随人等各色人物或执肩或抬，按一定的顺序相间排列，前呼后拥，无异妈祖民俗文物大展示。


祭祀仪式

祭祀仪式通常分为家庭祭祀和宫庙祭祀两种。家庭祭祀包括"船仔妈"崇拜、对海祭拜、家中供奉和挂妈祖像等；宫庙祭祀则包括日常祭祀和庙会祭祀。另外湄洲妈祖祖庙全年还有妈祖诞辰纪念、妈祖升天纪念、割火分灵、谒祖进香、妈祖巡游、民俗表演等一系列的庙会活动

宫庙祭祀一般有三大类：一是大醮，二是清醮，三是出游，另外还有

"回娘家"和"分神"等。并由此产生了相关联的民间习俗和文化。

大醮　即是大庆典的纪念活动。如祖庙落成、开光、千年祭等。此时祖庙内必须演奏五锣鼓，放铳炮，演木偶戏，奏八乐鼓吹，演莆仙戏。演戏时规定必须先跳加官、演八仙、状元游街，以后才正式开演节目。祖庙内还请经师、道长各九人做道场法事，而经、师道长还得配备自己的吹鼓手演奏。总之，整个庆典活动规模较大，形式隆重。如1986年举行妈祖升天千年祭时，还特地出版画册。

清醮　即常年的纪念活动。主要的活动有农历三月廿三妈祖生日，农历九月初九妈祖升天纪念，这是俗定常规的春秋两祭活动。此外，还有妈祖元宵和农历八月十五庆贺中军生日。但因中军是妈祖属下，所以庆贺只在中军殿内举行。

1. 妈祖元宵　妈祖元宵的正日在元月初十。这个节日主要是人们敬请妈祖庆赏元宵。由于湄洲除祖庙外，全境还有十五座妈祖宫奉祀妈祖，所以庆赏元宵的活动，是从正月初八日始至十八日止。各宫妈祖神像先后抬来祖庙上香。各妈祖宫随从的仪仗队有大旗、大灯、大吹鼓，还有放铳炮。由各宫福首主持进香。祖庙请道士做醮。供品由平时祈求、许愿的信徒提供答谢祭祀。还演奏鼓吹八乐等。按惯例，元宵活动先由山尾宫抬妈祖神像到祖庙庆元宵，然后出巡庆贺元宵。有"摆棕轿""耍刀轿"等，场面壮观和热闹非凡的文娱表演以及妈祖出宫、回宫活动。

2. 妈祖生日纪念　农历三月廿三是妈祖诞辰纪念日，人们俗呼为"妈祖生"的庆典最为热闹，其隆重程度甚至超过春节。该日由各中正福首一人总筹其事，各宫头人各负执事之责。庆驾活动自从三月初五开始到廿三止。廿三正日，祖庙正式举行庆贺，在自廿二晚间开始，先鸣放铳炮，后做醮，照例奏鼓吹八乐、演戏。

庙内供品有：五牲、五汤、十锦。五牲，即全猪、全羊、鸡、鹅、海味。五汤，是用桂元干、芡实、莲子、红枣、柿饼五种果实做面汤点。十锦，是用白豆着色，排出十种花样及文字，分别放在十个小碗内，是干品。此外，还有烧金、"表礼"。

3. 妈祖升天纪念　农历九月初九的妈祖升天纪念活动，因为是忌日，纪念活动的特点是戒荤，供品不备五牲，一律用素食，祖庙内行三斋六戒。从九月初六至初九演戏。

据湄洲祖庙载，对于天上圣母三月廿三寿诞春祭及九月初九祖庙圣母秋祭，都有一套严格规定的供品底数。春祭开祚发赏也都有定规。

出游　这是湄洲全境祈求妈祖平安的一种活动仪式。目的是请妈祖巡游全境，扫荡妖氛，庇护阖境黎民平安顺意。这种出游，不一定每年都举行，出游的日子也不是固定的。

每年二月初一日，即湄洲岛习俗的"头牙"。这个规矩不同于莆田其他地方二月初二"头牙"的习俗。人们在妈祖神像前问卜祈安，如"卜杯"同意，则在祖庙做祈安法事，演戏等；如"卜杯"不同意，便决定出游。此时，全乡耆老集中祖庙决定出游，主持人再"卜杯"确定出游的月份，然后择日师推算出游具体日期。出游的那一天，湄洲全境十五宫的妈祖同祖庙的妈祖（称妈祖）全部抬出去巡游并规定到下山宫驻驾一天。诸宫妈祖东西两行排列，祖庙妈祖则排在东边首席。出游后，"卜杯"决定妈祖回驾祖庙的时辰。妈祖圣驾回銮。先是五驾、中军，继为祖庙妈祖，后为各宫妈祖相随。下山宫的妈祖排在最后，因为它是妈祖驻驾时的宫庙主人。

分神　是外地妈祖执事人员到湄洲祖庙请香仪式，故称"分神"或叫"分灵"。通常是外地妈祖庙有庆贺活动或节日时，虔诚的信徒便不论远近，专程来到湄洲祖庙，敬请妈祖驾临该地妈祖宫观赏、赐福。事后，"香火"即留该处，不再送回。以后如有活动，仍然再行此请香仪式。所以，分神一事，在湄洲祖庙多则一日数十起，尤其是每年三月廿三妈祖生日时为盛。

回娘家　每年正月到三月，各地妈祖宫庙护送妈祖神像到湄洲岛祖庙进香，都要遵俗先到贤良港祖祠朝觐其父母和列祖列宗，住上一晚（限于接待条件，一般是分散食宿于村民家里），第二天再往湄洲祖庙进香；完成"清火"仪式后，又回港时巡游、驻跸。贤良港的宗亲们则准备好"五味""十盘全"等宴席接驾，喜迎妈祖"回家"，并备好"妈祖家宴"，热情款待护送妈祖"回娘家"的信众。那些日子，整个贤良港热闹非凡，胜过春节。祖祠内更是一派喜庆气氛，不仅张灯结彩，设驻驾宴，而且还要严格按照道坛科仪，举行隆重肃穆的祭祀典礼。三月廿三这天"回娘家（走娘家、返外家）"活动达到高潮，除了举行盛大的祭典活动，众多妈祖神像一同供奉在神台接受信众祭拜，还要演戏、举办各种文艺活动。临别之际，贤良港的乡亲们会赠送花生、稻谷、红枣等礼品给各地宫庙，蕴含人丁兴旺、五谷丰登的美好祝愿。

相关民俗文化

与祭祀活动相关联的民间习俗有演戏酬神、谢恩敬神、妈祖游灯、妈祖服饰、圣杯问卜、换花求孕、佩戴香袋、诞辰禁捕、妈祖彩车、大门贴符、颈项佩玉、托看小孩、妈祖挂胸等；民俗文化则包括故事传说、碑记、石刻、壁画、匾额、楹联、诗词、散文、书法、图画、戏曲、歌谣等。也影响到服饰、饮食、建筑、工艺品等，对于当地人而言，妈祖文化已经融入衣食住行。已知的历史文献资料超过千万字，建筑、工艺品和文物等不计其数。妈祖民俗文化，已成为中华民族文化的一个有机组成部分。

# 妈祖故事选编

妈祖是流传于中国沿海地区的汉族民间信仰。由此信仰形成的妈祖文化肇于宋、成于元、兴于明、盛于清、繁荣于近现代。妈祖文化体现了汉族海洋文化的一种特质。在妈祖信仰广泛传播的同时，有关妈祖的奇闻轶事、故事传说，也发展起来，形成了独有的妈祖民间文学，成为妈祖文化的有机组成部分。

妈祖故事大多有一定的史实根据，这是它的现实主义身躯，妈祖故事又融进了许多美好愿望和神话色彩，这是它的浪漫主义翅膀。妈祖故事一部分是关于默娘的生平和羽化，更多的则是化神以后的海难救护、保驾护航、惩恶扬善、佑军助战等，成为正义与力量的化身，百姓心目中救苦救难的形象。所以广泛流传，深得百姓喜爱。

### 生平传说

从出世到飞升，妈祖生平有许多传说，据《天后志》记载的有十五则，据《天妃显圣录》记载的有十六则。另有散见于民间的口头传说，同中有异，异中有同。此处做一点统筹归类，选编出较为共通的若干则。

#### 妈祖诞降

妈祖父亲林惟悫（惟愿），母亲王氏，二人多行善积德。惟悫年四十多岁时，已生有一男五女。但担忧一子难保传宗接代，所以经常焚香祷告，想再生一个儿子。惟悫夫妇的虔诚感动了南海观音。

一天晚上，观音托梦给王氏并对王氏说："你家行善积德，今赐你一丸，服下当得慈济之赐。"不久王氏便怀孕了。常人怀胎十月，妈祖母亲怀胎十四个月。北宋建隆元年（960）三月廿三日酉时，天色已暗，伸手不见五指。忽然一颗流星从天而降，光华夺目，照得湄洲山海如天，岩石紫红，草木清晰可见，百姓无不惊奇。林家更是红光冲天，乡人以为失火，赶来救援。拥至林家，发现不但无火，反而异香氤氲，满屋红光如炬，陈氏正诞下一女，林氏一家与众人皆惊异不已。女婴诞下之后，异香经久不散。因是女孩，父母有些失望，但孩子生得奇异，林氏夫妇知应观音送神女之梦，甚为疼爱。女孩从出生到满月，一声不哭，所以，父母给她取名林默。人们见她长得天真可爱，都亲昵地叫她"默娘"。

妈祖诞降

窥井得符

相传默娘十六岁时，有一次，偕一群女伴出去游玩，与众姐妹照妆于井中，忽见一仙人手持一对铜符，自井底冉冉而上。众姐妹惊骇奔走，独默娘不慌不忙，跪拜仙人。仙人即以手中铜符相赠，并授以仙法。默娘得此铜符之后，潜心研习，学得一身法术，灵通变化，未卜先知。自此神通广大，为人治病，除疫去瘟，驱鬼辟邪，呼风唤雨，解旱止涝，飞驰海上，游巡岛屿，打救海难，深得百姓爱戴。人们称她是"神姑""龙女"。

救父寻兄

相传默娘十六岁那年，秋天的一天，其父兄驾船渡海北上的时候，海上掀起狂风恶浪，船只遭损，情况危急。默娘哭道：父亲得救，哥哥死了！不久有人来报，情况属实。兄掉到海里后，默娘陪着母亲驾船前去大海里

窥井得符

寻找。

突然发现有一群水族聚集在波涛汹涌的海面，众人十分担心，而默娘知道是水族受水神之命前来迎接她，这时海水变清，其兄尸体浮了上来，于是将尸体运回去。此后每当妈祖诞辰之日，夜里鱼群环列湄屿之前，黎明才散去，而这一天也成为当地渔民的休船之日。

威服龙王

东海历来水怪众多，时常兴风作浪，破船沉舟，过往渔民商旅，深受其害。默娘自十六岁起就经常飞巡于海上，游于礁屿之间，降妖伏魔，靖清海域。一日，她与当地官员巡行海上，命驻舟中流，只见四海龙王率领水族骈集，毕恭毕敬，向默娘请罪问安，她命免其罪，但以后要其庇护渔商百姓，不得兴风作浪。四海龙王率水族齐齐谢恩，然后退潮。至今每年天后诞辰，犹见水族集结，前来庆祝，渔民见之不敢下网捕捞。

### 挂席泛槎

有一天，海上起风浪，默娘要渡海，岸边拴有船只，却少船桨，也没有船篷，加上风急浪大，艄公不敢开航，默娘对艄公说："你只管起航。"随即叫人将草席挂在桅杆上当作风帆。艄公看了，哭笑不得，对默娘说：草席焉能为帆？默娘淡然处之。顷刻之间，风鼓草席，竟如满帆，船行如箭，即达彼岸。见者无不惊叹，啧啧称奇。

### 铁马骋海

有一天，默娘因事从湄洲岛到贤良港，来到码头，久待不见摆渡。因有急事要赶时间，默娘十分焦急，看见码头有一大屋，屋檐下有一铁马，于是灵机一动，骑上铁马，策动而起，飞驰于海面之上，如履平地。岸上人无不惊骇，以为骑的是青骢马飞于水上。飞马行于空中，但听不到马的嘶叫和鞍镫之声。真马骑于水上，已不可能，策动铁马飞于海面，若非神仙，谁可为之？

### 祷雨济民

默娘二十一岁那年，莆田地区大旱，河流干涸，田地龟裂，连饮水也有困难，农民困苦万分，当时的默娘，已是无人不晓的能呼风唤雨的神女，全县父老都说，非神女不能解此灾害。于是莆田县令亲往求救于默娘。默娘欣然应允，设坛祈雨，告之县令壬子日申时将普降喜雨。可到了壬子日未时，却依然万里晴空，烈日如火。众人疑惑之间，申时已到，猛见得乌云骤至，电光闪闪，雷声隆隆。紧接着，暴雨如倾，旱情顿解，万民欢呼，皆颂默娘"通灵神女"。

### 化草救商

相传湄洲屿西边有个出入湄洲的要冲叫门夹（就是今天的文甲）。有一次，一艘商船在附近海上遭到飓风袭击触礁，海水涌进船舱，即将沉没，村民见狂风巨浪，不敢前去营救。在这紧急时刻，默娘信手在脚下找了几

化草救商

根小草，扔进大海，小草变成一排大杉划到并附在即将沉没的商船上，商舟免遭沉没，船中人免难。

焚屋导航

一天下午，万里晴空，一艘大食国商船决定启航回国。默娘掐指一算，知道这是风暴前的平静，随即前往相劝，番邦船员，傲然大笑，认为海平如镜，如何不能起航？她再三劝阻：今夜必起风暴，强行开船，将有生命之危。番邦不听，下令开船。是夜，果然风起，恶浪滔天，番船不辨方向，危在旦夕！默娘急将红灯挂于屋顶，为番船导航。可是风雨交加，一豆大的火光，无济于事。为了番船数十条人命，她不顾姐妹们的劝阻，毅然点燃自己的祖屋，番人看见冲天大火，急忙调转船头向火光方向驶回，终于安全靠岸。番人感激不尽，要为默娘重造祖屋，但她决不接受，大食国商人千恩万谢，待狂风停歇，重新起航。

降伏二神

默娘二十三岁时，湄洲西北方向有二神，一为顺风耳，一为千里眼。二神经常出没祸害百姓。百姓祈求默娘惩治二神。为了降服二神，默娘与村女们一起上山劳动，这样，一直过十多天，二神终于出现了，当二神将近时，默娘大声呵斥，二神见默娘神威，化作一道火光而去。默娘拂动手中丝帕，顿时狂风大作，那二神弄不清所以，持斧疾视，默娘用激将法激二神丢下铁斧，丢下铁斧之后二神再也收不起铁斧，于是认输谢罪而去。两年后，二神海上再次作祟，十分厉害，默娘用神咒呼风飞石使二神无处躲避，二神服输，愿为默娘效力，于是默娘收二神为将。

解除水患

默娘二十六岁时，浙江福建一带，一连数月，阴雨连绵，山洪暴发，江河横溢，汪洋处处，尽为泽国，稼穑皆毁，民不聊生。州官奏请朝廷，皇上下旨祷告，祈天止雨，却无济于事，只好亲自求救于默娘。默娘说："人间罪孽深重，积恶太多，故上天降灾，以示惩戒。既然皇帝肯为民祈天，我也只好求上苍饶恕。"她当即焚香画符，当空祷告。转眼间大风骤起，吹散满天乌云，雨过天晴，朗日万里。吓得那州官目瞪口呆，又惊又喜。是年闽浙两省，大涝之年却是五谷丰登，州官不敢邀功，如实禀告，皇帝下旨，褒封林默娘！

莆令疗疫

有一年，莆田瘟疫盛行，县令全家也染上了疾病，有人告知县令默娘有解难法力。于是县令沐浴斋戒之后，亲赴湄洲岛恳请；默娘见他为官尚算清廉，遂告诫县令说："此乃天灾，何敢随便干涉？但念你一向仁慈，我替你驱疫。"就告知用九节菖蒲煎水饮服，并将咒符贴在门口。县令一家煎汤饮之，立刻痊愈。自此，默娘神法，传遍四方。

收服二怪

## 收服二怪

相传湄洲有嘉应和嘉佑二怪，经常出没害民。有一天，一位船客遭怪物作怪，船将沉没。默娘见之即化作一货船，前去救难。嘉佑见货船前来，立即来追货船。默娘口念神咒，将其制服。嘉佑当即叩首服罪，默娘将其收入水阙仙班。

为制服嘉应，默娘施计，于山路独行，嘉应以为只是民间美女，便起歹心前来触犯，默娘一挥尘拂，嘉应见之不妙逃去。时隔一年，嘉应又出来为害百姓，默娘说："这个怪物不归正道，必然扰害人间。"于是叫村民带符焚香斋戒，自己则乘小舟，到海上出其不意，降服嘉应。默娘也将嘉应收为水阙仙班一员。

## 收高里鬼

在收服嘉应和嘉佑二怪之后，高里乡出现鬼怪作祟，此鬼怪会含沙射影，传染百病，使人不得其治，村人一起到默娘家中，请神姑救治。默娘取符咒贴病者床头，大家遵命而行，遂听到屋瓦响处，一物如鸟，拼飞而去。默娘循迹而清穴扫巢，该物即化为一只鹪鹩，匿于树梢。只见渺渺林端，升起一团黑气，默娘说："不可留此为害乡里。"追而擒之，将符水一洒，鸟从空坠，并无形体，仅存一撮枯发。举火焚之，显现原形，乃一小鬼，向默娘叩拜："愿皈依台下服役！"默娘收之。

### 驱除怪风

湄洲对面吉蓼城西面，有一座跨海石桥，是当地百姓南来北往的要道。有一天，忽然怪风刮起，刮断了全部桥桩，一时交通断绝，人们无法过往。百姓以为是风神所为，于是祈求默娘解难。默娘到石桥处察看，见远处天空一道黑气，知道是有怪所为，于是施展灵术将怪驱逐远去，从此石桥通畅无害。

### 收服晏公

相传海上有一怪物叫晏公，面如黑漆，浓眉横髯，被默娘收服的千里目与顺风耳就是晏公的手下。晏公本为水神，却时常在海上兴风作浪，毁船沉舟，为害商渔，默娘自然不会放过。

她驾轻舟巡游东海，找寻晏公，与之大战一场。晏公不敌败下，但仍不服，幻化神龙，兴风作浪，再来相犯。默娘投下神绳，随投随粘，牢固难解，晏公才惧而伏罪。默娘收为部下，任为总管，命令晏公统领水阙仙班（共有十八位），护卫海上船民并嘱咐他："东海险恶，你今统领水族诸班救民危厄！"

### 湄屿飞升

宋太宗雍熙四年（987），默娘时年二十八岁，重阳节的前一天，对家人说："我心好清净，不愿居于凡尘世界。明天是重阳佳节，想去爬山登高。预先和你们告别。"家人都以为她要登高远眺，不知将要成仙。

第二天早上，默娘焚香诵经之后，告别诸姐，一人直上湄峰最高处，

湄屿飞升

这时，湄峰顶上浓云重重，默娘化作一道白光冲入天空，乘长风驾祥云，翱翔于苍天皎日之间，忽见彩云布合，人亦不可复见。此后默娘经常显灵显圣，护国佑民，救人危难，当地百姓感激她，在湄峰建起祠庙，虔诚供奉。据传祖庙后的摩崖"升天古迹"处就是默娘羽化飞天之地。

此后，航海的人又常见林默身着红装飞翔在海上，救助遇难呼救的人。

### 护佑故事

#### 封赐合家

宋庆元六年（1200），大奚（据传为香港大屿山）寇作乱，朝廷派官军征讨出击。由于贼兵人数众多，其势甚锐，官兵恐慌，只好向妈祖求祷。祷神刚完，马上浓雾四起，调旋风向。官军顺风乘雾，大举出击，大败贼军，擒其贼王，扫荡无遗。官军凯旋而归，领军将领具奏妈祖神佑破敌之功，皇帝下旨诏仪追封妈祖父母及其兄姐。妈祖合家荣膺封赐，誉满天下。

### 神助擒寇

宋嘉定元年（1208），时值久旱，农作不收，地赤民困。草寇周六四作乱犯境，啸聚山林，四出劫掠，扰乱州郡，庐舍寥落，百姓苦不堪言。全邑之人哀求于妈祖庙，妈祖托梦指示："六四恶贯满盈，为釜中游鱼，当即歼之。"四天之后，周寇入境，喊声动地，鸡飞犬跑，百姓逃匿。忽然望见空中有枪剑旗帜之形，贼寇惊恐不已，争相逃命。官军乘势穷追猛打，终于擒获周寇，余凶尽俘，合境平安。官军奏闻皇上：妈祖率领天将神助歼敌。皇上敕旨加封"灵惠助顺显卫英烈妃"。

### 护佑使者

宋宣和五年（1123），给事中路允迪出使高丽。船队入渤海湾时，突然大风骤起，舟若秋叶，八船覆七。路允迪匍匐船上，求神救庇，忽见一女神现于桅顶，急叩头求庇。只见女神玉手一挥，即时风平浪静。路允迪涕泪交加，千叩万谢！唯余一船，顺达高丽，完成使命！路允迪归来时，问为何神？莆田籍保义郎李振及福建水手告知是妈祖，并诉说妈祖无数显灵之事。路允迪说："世间只有生我者恩大无极，我等漂泊大海，身濒于死，虽父母爱之至情，也莫能助，而神姑能救之，此实再生之赐也。"路允迪归程又得妈祖一路保佑，立即奏明皇上，皇帝即下诏赐"顺济庙"匾额，立庙祀于江口。

### 赐泉除瘟

传说宋绍兴二十五年（1155），兴化一带发生瘟疫，病者无数，人心惶惶，官府束手无策。妈祖托梦于白湖旁居民李本家，对李本说："瘟气流行，我为本郡向玉皇大帝请命，在离湖旁一丈的地方有甘泉，可治瘟疫，饮之能痊愈。"众人知是神命，赶紧挖掘，掘至很深，仍不见泉水。大家都说，这是神赐，一定会有，故努力再掘数锄，忽见清泉涌出，取而饮之，竟为甘醴。早上喝了，晚上就好。消息传开后，远近人都来取水，络绎不绝，染疫的人全都得救了，一郡之瘟疫，得以根治，人人皆拜谢神恩！这口井被誉为"圣泉"。宋孝宗皇帝听了，封"灵惠昭应崇福夫人"。

说明：此故事一说是在宋乾道二年（1166），发生在莆田地区。

济荒米船

宋宝祐元年（1253），兴化、泉州地区大旱，农田颗粒不收，米价腾贵。百姓老幼，饥困难支，成群结队到妈祖庙里祈祷。妈祖于夜里向乡人托梦："不要忧虑了，米船即将到来。"而在另一边，当时在广州的米商正在装米下船，准备运往浙江、上海。妈祖托梦广州商人："兴泉饥荒，速速前去，可获倍利。"广州众多商人都同做一个梦，故一齐发运米船前往兴泉。由于大家一窝蜂运粮同至兴泉，米价不贵反平。米商略有微言，说妈祖不灵，但想到这是为了解救二郡饥荒，当是功德！百姓既解饥荒，无不感激妈祖再生之德，纷纷焚香拜谢。天子闻之，诏封"灵惠助顺嘉应英烈协正妃"。

神火烧贼

宋开庆元年（1259），海贼陈长五兄弟三人，为恶多端，杀人放火、奸淫掳掠于兴化、泉州及漳州三郡，官兵无可奈何，百姓苦不堪言。八月，贼众三舟在湄洲岛登陆入庙，祈祷于妈祖神前而不应，因怒而解衣裸体，卧于庙前栏下。妈祖放神火烧之，三贼惧惊，退遁舟中。第二天早晨，三只贼船全部出港。忽而天日晦暝，风雨骤至，雷声大作，海浪滔天。等到雨歇天晴，海贼三舟已被吹至沙滩之上，搁浅不动。宪使王镕会兵击之，追至福清，悉数捕获。郡守徐公上疏妈祖神助之功勋，并奏请朝廷，皇上封诰"灵惠显济嘉应善庆妃"！

浪送搁船

泉州面临东海，历来倭寇及海盗为患，百姓遭殃。明洪武七年（1374），泉州卫指挥周坐，是一位爱民将领，为了提防海盗及倭寇作乱，他勤于巡逻，缉捕倭寇海盗。有一天，周坐率领战舡巡哨海上，突遇大风，风吹浪拥，将周坐的船队吹向浅滩，船队搁浅，舟中士卒无计可施，皆泣呼救。忽见一团神火，光亮辉煌，现于云端，即见巨浪荡浮，将船浮出浅滩，直送入港。众人得救，俱知是妈祖神恩，感激不尽！于是周坐在泉州建庙以报恩德。

### 天后赐泉

据记载，康熙二十一年（1682）十月，清军水师提督施琅奉旨率三万水兵驻扎莆田平海镇，等待乘风东渡台湾。当时正遇到干旱，军中缺水。平海天后宫旁有一被填废井，施琅命令挖掘，并暗向妈祖祈祷，井挖好后泉水甘口，解了老百姓、兵士用水之难，泉水从此不竭。施琅以为这是神赐甘泉济师，亲书"师泉"二字，此井至今仍存。

施琅收复台湾（1683）后，驻军于明代宁靖王朱术桂官邸，邸中仅井一口只供百人饮用，施琅再祷于神，泉水立即极汪，足资万人饮用。施琅表奏康熙，将官邸改为妈祖庙，并由"天妃"晋封为"天后"。康熙准奏，封"护国庇民妙灵昭应仁慈天后"，赠《辉煌海滋》匾，立"平台纪功碑"。庙中刻有石狮、八骏马、龙墙虎壁，庙宇具王式格构，名"台南大天后宫"，并派礼部尚书到庙祭祀。又康熙六十年，台匪作乱，提督兰于六月会师于七昆身，时值炎热酷暑，万军苦渴，因祷于神，适时潮退，军士在海边沙滩上扒开尺许，即有淡水可餐。咸滩出清泉，堪为奇迹，乃神女显灵。

### 佑助收艇

传说康熙二十一年（1682）十二月二十六日夜，施琅第一次率兵渡海攻打台澎，因缺风船行很慢，施琅下令回航平海。不久，忽起大风，战舰上小艇被风刮下海，不知去向。第二天风停息后，命令出海寻找小艇，均安然停在湄洲湾中，艇上人报告说：昨夜波浪中见船头有灯光，似人揽艇，是天妃默佑之功。施琅大为感动，命令整修平海天后宫，重塑妈祖神像，捐重金建梳妆楼、朝天阁，并请回妈祖神像一尊奉祀在船上。

### 澎湖助战

传说康熙二十二年（1683）六月，施琅第二次率兵东渡攻打澎湖，军

137

澎湖助战

中士兵感到神妃在左右助战，个个英勇向前，千总刘春梦天妃告之二十一日必克澎湖，七月必克台湾。后来清兵强攻澎湖七昼夜，并台湾统一。当时清兵出战攻澎之日，妈祖派千里眼、顺风耳二神将助战，即妈祖"澎湖助战"的神话故事。

### 护航琉球

清康熙五十八年（1719），朝廷册封琉球国，派出使者海宝和徐葆光等人，出使琉球。他们依例于行前到天后宫祈祷，以保航程平安，然后启程。一路上，清朝使者船队不断得到妈祖神示，避过风险，顺利到达琉球国，册封琉球国王。完成使命之后，在回程途中，遇到风险，又得妈祖救护，转危为安。使者回朝复命，如实奏报妈祖护佑之功，朝廷下令举行春秋祭祀大典！

# 各地妈祖宫庙

据《世界妈祖庙大全》提供的最新数字，目前，全世界已有两万多妈祖神庙和文化机构，信奉者达三亿人。分布在中国，东亚的日本、韩国，东南亚的新加坡、印尼、马来西亚、菲律宾、泰国、越南、缅甸等四十多个国家和地区，以及欧洲、美洲、非洲等部分华人集聚的地域和城市。生活在科学发达的现代的海外华人，仍然热衷于修妈祖庙和还愿，"这不是单纯的信奉问题，更主要的是在妈祖信奉中寄托着深厚的、源远流长的民族感情之故。"

国内妈祖宫庙一（不含台湾地区）

中国是妈祖的发祥地，从默娘羽化飞升的987年起，历朝历代建起了许许多多妈祖宫庙，一直延续到现今。其中，湄洲妈祖祖庙、贤良港天后祖祠、平海天后宫、泉州天后宫、厦门顺济宫、庙岛显应宫、蓬莱天后宫、天津天后宫、南京天妃宫、芷江天后宫、赤湾天后宫、澳门妈阁庙等，都是有名的妈祖宫庙。台湾妈祖宫庙，另文单列。

### 1. 湄洲祖庙

湄洲祖庙是湄洲妈祖庙的俗称、尊称，是全世界妈祖信众心中的圣地。

湄洲祖庙位于福建省莆田市湄洲岛北部最高峰的祖庙山，创祀于北宋雍熙四年（987），也就是林默娘飞升的那一年。人们怀念她、纪念她，就在湄洲岛建庙祭祀。这庙宇就是最早的妈祖庙。初仅"落落数椽"，名叫"神女祠"，经过宋元明清多个朝代多次修建、扩建才形成宏大规模。其中郑和、施琅等历史名人功不可没。最后形成正殿、偏殿等五组主建筑，十六座殿堂楼阁，九十九间斋舍客房的宏大建筑群，画梁雕栋，金碧辉煌，恰似"海上龙宫"。后来庙宇几经损坏，日渐破败，特别是"文化大革命"期间（1966—1968），湄洲祖庙受到了严重的毁坏，几乎"夷为平地"。20世

湄洲祖庙

纪80年代以来，湄洲祖庙才陆陆续续开始重建，尤其是近十多年来，台湾妈祖信徒到湄洲祖庙进香日渐增多，目睹湄洲祖庙的现状，海峡两岸妈祖信徒同心协力，自愿捐物捐资，进行大规模的修复兴建。如今，湄洲祖庙不但重显光彩，而且建筑规模远远超过了历史任何时候，更加富丽堂皇。

湄洲祖庙已成为规模宏大的庙宇建筑群，特别是祖庙的南中轴线庙宇群，依山势而建，形成了纵深300米，高差40余米的主庙道，从庄严的山门，高大的仪门到正殿，由323级台阶连缀两旁的各组建筑，气势不凡，举世无双。

在祖庙山顶，还建有14米高的巨型妈祖石雕塑像，面向大海，面向台湾，栩栩如生。

其中天后正殿高 19 米，宽 50 米，进深 30 米，面积 987 米，可同时容纳千人朝拜，正中供奉八米高的妈祖坐像，陪侍的有妇幼保护女神陈靖姑和兴建宋代著名水利工程木兰陂的女杰钱四娘以及航海家郑和、收复台湾的施琅将军等八大神像。殿前的天后广场面积达一万多平方米，还有一座高 26.5 米的大戏台，是祖庙举行盛大活动的场所，两旁的观礼台及回廊能容万名观众。而高 19 米，宽 33 米，五开间的山门大牌坊则是我国少见的雄伟牌坊之一。

经过多年努力，湄洲妈祖祖庙还完成了大小建筑三十六处的西轴线工程。西轴线工程坐东北，面西南，呈轴线分布，有牌坊、长廊、山门、香炉台、圣旨门、广场、钟鼓楼、正殿、寝殿、朝天间、升天楼等，还有佛殿、观音殿、五帝庙、中军殿从及爱乡亭、龙凤亭、香客山庄、思乡山庄等一系列建筑物，形成楼亭交错、殿阁纵横的祖庙建筑群。

伫立山顶，极目远眺，山海茫茫，水天一色；回望山下整个庙群尽收眼底，构成了一幅瑰丽壮美的山水画。在湄洲祖庙附近，有"升天古迹""观澜石""妈祖镜""潮音洞"等景观，祖庙里还有重修碑记、御赐金玺、御赐匾额等文物。"升天古迹"摩崖题刻在湄洲祖庙寝殿后的一块巨大石壁之上。相传，默娘就是在此附近的"石鼓"上坐化升天的。

2. 贤良港天后祖祠

贤良港天后祖祠位于莆田秀屿区山亭乡港里村。

祖祠建于宋代，原为林氏宗祠，在妈祖升天（987）后，开始祭祀妈祖，遂成为最早妈祖庙之一，与湄洲岛妈祖祖庙遥遥相望。

祖祠始建于宋代，祀妈祖木室像，据《敕封天后志》载："世传祠内室像，系异人妆塑，各处供奉之像，皆不能及"。因祠内前殿供奉妈祖室像，额称"天后祠"，后殿供奉圣父母及其先代牌位，额称"林氏祖祠"，故尊为"天后祖祠"。

天后祖祠现主要建筑物有山门、钟鼓楼、主殿和后殿。

贤良港天后祖祠

　　山门由三座门组成。正中门上横眉"神昭海表"，为雍正皇帝手书。左右门上横眉"海上安澜"，为嘉庆皇帝手书；"泽罩海宇"，为道光皇帝手书；"恬波利运"，为咸丰皇帝手书；"与天同功"，为光绪皇帝手书。

　　主殿（前殿）主祀天后，妈祖坐像为木质雕刻，系宋代的作品。

　　后殿也称林氏宗祠，供奉妈祖父母塑像，还供奉林氏列祖列宗及妈祖兄姐木主牌位。因此，该祠也称妈祖祖祠。

　　主要配祀神有千里眼、万里耳、泰山大爷、后门公等。

　　贤良港天后祖祠为福建省文物保护单位，其周围尚有"受符井""三炷香礁石""五帝庙""宋塔""古码头"等古代遗迹遗址。祖祠里还保存着清代《奉旨春秋谕祭》牌、《重建天后祖祠》碑刻、《历朝褒封徽号》牌刻和《敕封天后志》等珍贵文物。

　　每年农历三月廿三是妈祖诞辰纪念日，来自海内外千万信众齐聚福建莆田贤良港天后祖祠，参加"妈祖回娘家"祭祀习俗系列活动。

### 3. 平海天后宫

平海天后宫位于福建省莆田市秀屿区平海镇平海村东至自然村，始建于北宋咸平二年（999），是全世界最古老、保存最完整的宋代宫殿式原构妈祖行宫，是湄洲祖庙分灵的第一座行祠。平海天后宫俗称"娘妈宫"，因宫有一百零八根木柱，又称"百柱宫"。主要建筑有大门、内庭、大殿及两庑。大殿为重檐歇山顶，抬梁穿斗混合木构，面阔五间，进深五间。建筑规模和风格与众不同。整个庙宇拥有明暗立柱共一百零八根，廊沿压石也有一百零八条，而宫前"师泉井"也是用一百零八块石头砌成的。宫内存有《师泉井记》和《平海天后庙重修碑记》等古碑刻。为国家级文物重点保护单位。

清康熙二十一年（1682）福建水师提督、总督姚启圣率三万水师、两百二十三艘战船，集结平海卫待机收复台湾。因干旱缺水，水师将士士气低落，军心不振。之后，施琅将军诚心祈求妈祖显灵庇佑，掘枯井"涌泉济师"。"澎湖之战"，妈祖显灵调遣千里眼、顺风耳两将军率天兵天将参战。危难时，妈祖显灵，"涨水助战"化验为夷，旗开得胜，留下美丽动人的故事。

收复台湾前，施琅将军把平海天后宫妈祖神像恭请在旗舰上，庇佑护航。登岛后把妈祖神像供奉在台南大天后宫，成为开台的首尊妈祖金身。康熙二十二年（1683），施琅回朝奏请清政府，重修平海天后宫，重塑妈祖金身，撰写传颂妈祖显灵赐水的《师泉井记》，并亲笔写下大楷书"师泉"石碑立于井边，这一古老石刻是清政府收复台湾，统一祖国的历史见证。

### 4. 泉州天后宫

泉州天后宫，位于泉州市区南门天后路一号，始建宋庆元二年（1196）。泉州是我国海外贸易最高峰——宋元时期的最大港口，妈祖因被引进到至当时世界最大海港泉州港，成为泉州海神，并因漕运海运及海外交通贸易

泉州天后宫

的发展，成为全国海神并开始远播海外，所建官庙宫址地处城南晋江之滨，蕃舶客航聚集之地，国际观瞻所在，所建庙宇是海内外同类建筑中礼制规格最高。现存建筑规模较大，保存较好，仍保留一些宋代构件和明清时代木构。因此，泉州天后宫也是大陆妈祖庙中第一座被国务院审定公布的国家重点文物保护单位（1987）。

明清海禁，泉州港衰落，大批民众为了生计下南洋过台湾，妈祖信仰也随着商人和移民的足迹更为广泛地传播。在台湾，由泉州天后宫分灵而来的称温陵妈。

5.庙岛显应宫

庙岛显应宫，中国北方最大的妈祖庙。位于烟台市长岛县庙岛村北部，前后傍山，左右邻海，共占地九十亩。宋宣和四年（1122）建，俗称娘娘庙、妈祖庙等。明崇祯元年（1628）扩修成一个具有戏楼、山门、前殿、大殿和后殿等的古建筑群。元明时期，庙岛成为重要航海驿站，南北往来船只日多。显应宫香火甚盛，成为中国北方最大的妈祖庙。

显应宫为砖木石结构，前院由前殿及山门、钟鼓二楼组成，大琉璃瓦砖砌筑。前殿三间，山门三洞，正面嵌显应宫三字，山门外筑二十八级台阶，东西两侧各有一凉亭，钟鼓楼山脊兽吻悬挑。中院由大殿、东西两廊组成，庙后院由后殿及串廊组成。后殿三间，为歇山式，内有寝宫。戏楼前台上复重檐弓字脊，屋檐起翘，琉璃瓦苫盖，四周十二条龙探首怒视，有凌空欲飞之势。阁楼斗拱彩绘，檐周围刻有龙、凤、鸟、兽、花卉等图案，形态逼真，栩栩如生。戏楼后台形同古老宫殿，雕梁画栋，色彩艳丽，门前正上方，有咸丰皇帝亲笔题的神功济运匾额。海神娘娘铜像居暖阁之内的龙墩上。暖阁里，四尊侍女；暖阁外，四尊妃女；还有十二尊巨大的站班。这些塑像多是宋期的作品。此外，还有碑碣、铜鼎、壁画、船模等，是研究我国航海史的重要资料。由大殿到后宫组成的后院，二者之间有串廊联结，后宫内塑像与大殿的大体相同，但这里有巨大的铜像，两米多高的青铜穿衣镜及爵、鼎等铜制用品。现在，又新收了不少文物，如邓世昌当年在致远舰上用过的大铁锚，数百年前的缆绳等。

整座建筑群于六七十年代全部被毁，1983年就原址重建。

6.天津天后宫

天津天后宫，俗称"娘娘宫"，始建于元泰定三年（1326），明代永乐元年（1403）重建，后来又经过许多次修建，是世界三大天后宫（福建湄洲祖庙、天津天后宫、台湾北港朝天宫）之一。它位于天津旧城东门外海河三岔河口西岸、古文化街正中，坐西朝东，占地5352平方米，建筑面积1734平方米，从东至西由戏楼、幡杆、山门、牌坊、前殿、正殿、凤尾殿、藏经阁、启圣祠以及钟鼓楼、张仙阁和四座配殿组成，是天津市现存最早的一处古建筑群体，也是天津城市形成和发展的摇篮，因此曾有"先有娘娘宫，后有天津卫"的说法。

天津天后宫

天津天后宫曾于1954年、1982年先后两次被天津市列为重点文物保护单位，1985年又以其天津民俗文化发祥地之地位成为天津民俗博物馆的所在地，除保留天后宫复原陈列外，还陆续开辟了以展示天津民俗民风为基础内容的陈列展览，比较系统地介绍了漕运、婚育、商业、汉族民间生活、汉族民间艺术及汉族民间信仰等习俗内容，并兴建了长六十九米的天后碑廊，描绘出一幅幅极具个性的、地域文化的历史风俗画卷，成为中外人士观光游览的胜地。

### 7. 南京天妃宫

南京天妃宫位于南京市鼓楼区下关狮子山麓，是明成祖朱棣为感谢天妃娘娘妈祖等诸神护佑郑和航海平安而敕建，与静海寺相邻，是中国海上丝绸之路以及郑和下西洋的重要历史遗存。

南京天妃宫始建于明朝永乐五年（1407），史称龙江天妃宫。郑和首次下西洋回国后，以海上平安为天妃神灵感应所致，奏请朝廷赐建。郑和在以后的六次下西洋出航前和归航后，都专程前往龙江天妃宫祭祀妈祖。天妃宫屡遭战火，历代均有修葺，解放后多次修缮，占地面积5000平方米，由东西两轴线院落组成。每年妈祖诞辰之日（农历三月廿三日），南京民间赶庙会习俗一直延续至今。

2004年，为纪念郑和下西洋六百周年，南京花费巨资重建。竣工后的南京天妃宫，占地约1.7万平方米，采用明代官式建筑的型制和风格，主要由东西两轴线建筑院落组成；其中西轴线为两进院落，设有天妃宫大殿、玉皇阁及两侧配殿等；东轴线为双进院落，主要设有观音殿和两侧配殿。

2012年11月，南京天妃宫作为中国海上丝绸之路项目遗产点之一，列

南京天妃宫

入中国世界文化遗产预备名单。

8. 澳门妈阁庙

澳门民间流传一种说法：先有妈阁庙，后有澳门城。可见妈阁庙历史之悠久。澳门妈阁庙是澳门最早的道教庙宇之一，为福建商人所建，称为"阿妈阁"。据说，1553 年葡萄牙人在庙宇前的古码头泊船上岸，向当地的福建人打听这是什么地方，福建人误以为问的是庙宇的名字，说是阿妈阁。此后，葡萄牙人就用福建方言"妈阁"的谐音"马交"来称呼澳门，叫作"马交港"。已有逾五百年历史的妈阁庙，是澳门三大古刹（妈阁庙、观音堂、莲峰庙）中历史最悠久的。妈阁庙，称曾称"阿妈阁""娘妈庙""天妃庙"或"海觉寺"，后定名为"妈祖阁"，华人俗称妈阁庙。

澳门妈阁庙

妈阁庙为澳门最著名的名胜古迹之一，位于澳门半岛的西南端，依山面海，沿岩而建。庙内有"神山第一"殿、正觉禅林、弘仁殿、观音阁等四栋主建筑，分别建于不同时期。其中，弘仁殿规模最小，是一座3平方米的石殿，相传建于明弘治元年（1488）；正觉禅林规模最大，创建于清道光八年（1828）；"神山第一"殿是当时官方与商户合资创建于明万历三十三年（1605）。上述三殿均供奉天后妈祖，观音阁则供奉观音菩萨。

妈阁庙内，终年香烟缭绕，有许多善男信女在此叩首祈福。每年春节和农历三月廿三妈祖诞期，就是妈祖阁香火最为鼎盛之时。除夕午夜开始，不少善男信女纷纷到此拜神祈福，庙宇内外，一派热闹，而诞期前后，庙前空地会搭盖一大棚作为临时舞台，上演神苏戏。

2005年7月15日，在南非德班市举行的第29届世界遗产委员会会议上，包括妈阁庙在内的澳门历史城区被列入《世界遗产名录》。

### 国内妈祖宫庙二（台湾地区）

台湾与湄洲隔海相望，是妈祖信仰最先普及的地方之一。与大陆地域文化和海洋文化的交融，使得台湾的妈祖文化特别发达，妈祖宫庙遍布台湾及台湾诸岛。规模型的妈祖宫庙超过五百家，大大小小的妈祖宫庙则达几千家。妈祖文化成为联结台湾与大陆的重要纽带。

台湾妈祖宫庙代表性有：北港朝天宫、大甲镇澜宫、鹿港天后宫、新港奉天宫、台南大天后宫、澎湖天后宫、台湾道教总庙（三清总道院）、台北关渡宫、台东天后宫、鹿耳门圣母庙、高雄鼓寿宫、开台天后宫、高雄天坛旨万通寺、金门南门天后宫、马祖天后宫，等等。

#### 1. 北港朝天宫

北港朝天宫是云林最著名的庙宇，也是台湾妈祖的总庙。清康熙三十三年（1694），临济宗禅师树壁奉湄洲祖庙妈祖神像来台，登陆笨港（即今北港）北岸，经街民议留以供膜拜，于是建起一座小祠供民众祀奉。

康熙三十九年（1700），由地方士绅捐资重建，称为"天妃庙"，雍正八年（1730）重修后，称为"笨港天后宫"。北港朝天宫旧称天妃庙或天后宫，为了纪念分灵自湄洲祖庙——朝天阁，才改名为朝天宫。因神迹灵验，已成为台湾妈祖信仰的龙头大庙。

北港朝天宫经历多次修缮后，目前列属于台湾二级古迹。前殿为歇山重檐式建筑，中央是"三川门"，两边各为"龙""虎"门，屋顶上方布满交趾陶剪粘。第二进正殿为三重硬山式建筑，供祀天上圣母、镇殿妈、湄洲妈祖等三十尊妈祖神像。第三殿主祀观世音菩萨，左右分别祀奉文昌帝君及三宫大帝，中门有石鼓，左右二门各设石枕。第四落，圣父母祀中室，开出堂于左，南华阁左右，武城阁则为朝天宫南管乐社所在。

每年从农历正月起到三月廿三妈祖诞辰期间，全省各地的善男信女纷纷涌入，只见整日香火缭绕、锣鼓喧天，热闹不绝。

北港朝天宫

北港朝天宫为一座历史悠久的妈祖庙。清康熙三十三年（1694）临济宗等三十四代高憎树壁自福建湄洲恭奉妈祖神尊渡海来台，驻跸笨港，开基立庙。先以茅庵暂祀，雍正八年（1730）醵金重建，以瓦易茅，奠下日後规模之基础。

道光年间住持瑞合募款重修，福建水师提督王德禄感受妈祖庇佑，献"海天灵贶"匾及法鼓、梵钟各乙个以表崇敬。又奏请道光皇帝得诰封赐匾，"天上圣母"始见官方文书，朝天宫亦因而成为全台妈祖信仰中心。

朝天宫三百年来屡经扩建，宫宇巍峨，庄严富丽。每年的妈祖诞辰及弘法绕境祈安活动均吸引全台各地信徒参与。

2. 大甲镇澜宫

镇澜宫位于台湾省台中市大甲区，为大甲镇赫赫有名的老庙宇，是大甲地方的信仰中心。镇澜宫建庙已有两百多年历史，因信徒众多、香火旺盛，庙体一再整修重建，呈现出今昔交错、华丽与古朴杂揉的瑰丽面貌，被认为是现代人花大钱盖大庙的典范。镇澜宫是全台湾香火最盛的妈祖庙，而由其举办一年一度的"妈祖文化国际观光节"，现已成为全台最有影响的文化盛事之一。

庙内有多件古物流传至今，例如乾隆时期的"护国庇民""佑济昭灵"古匾，光绪帝赐的"与天同功"古匾，以及"诚求立应""慈光普照""功恭功一"等，都是自清朝保留至今的古物。

庙前龙柱为精细浑厚的石刻镂雕，屋顶布满五颜六色的人物、花鸟、走兽剪黏，檐下大片雕饰按金，正殿神龛周遭更是富丽，层层叠饰，金碧辉煌，气象庄严。

每年农历三月，镇澜宫的妈祖必到嘉义新港奉天宫进香，各地信徒不分男女组成声势浩大的进香团，进行为期八天七夜的徒步参拜，这也就是著名的"大甲妈祖绕境进香"。活动于每年农历三月间、妈祖诞辰日前夕举行，绕境期间，十万人的进香队伍浩浩荡荡，由大甲镇澜宫出发步行前

大甲镇澜宫

往嘉义新港朝天宫，横跨台中、彰化、云林、嘉义四个县市，总路程超过三百四十公里，巡经南瑶宫、福兴宫、朝兴宫等上百座宫庙，进香拜妈祖活动完成后再徒步回来，沿途约有两百多万名妈祖信众参与。该活动素有"三月疯妈祖"之称。

### 3. 鹿港天后宫

鹿港天后宫位于台湾省彰化县鹿港镇。鹿港天后宫建于清康熙二十四年（1685），由移居鹿港的福建兴化籍人捐资兴建，又名"兴化妈祖宫"。目前的庙貌是 1936 年重建的，庙殿规模宏伟，富丽堂皇，与台南市的大天后宫、北港的朝天宫、新港的奉天宫并称为"四大妈祖庙"。庙前的广场上，有一座巨大牌坊，入内有山门、龙柱、石壁和石楣，刻画精致，都以历史故事为背景，是不可多得的艺术雕刻。天后宫分前后两进，都供奉妈祖神像。大殿悬有乾隆御笔大书，盖用玉玺的横匾两块，上题"佑济昭灵""神昭海表"，另有光绪亲笔颁赐的"与天同功"匾一方悬于殿上。庙内除妈祖像外，还有千里眼、顺风耳木刻神像。庙的左右建有龙楼凤阙，分别为梳妆楼与升天阁，登临其上，古镇风光，尽收眼底。

鹿港天后宫在台湾各妈祖庙中地位极高。因该庙所供奉的妈祖神像是清康熙二十二年（1683）由福建水师提督靖海侯施琅从莆田湄洲天后宫恭迎到台的，是台湾唯一由湄洲而来的神像，人称为祖神。鹿港天后宫亦号称祖庙。由于香火鼎盛，神像久受香烟熏染，由原来的粉红色变成黑色，被信徒们称为"乌面妈"。

鹿港妈祖之所以珍贵，还在于福建湄洲开基时妈祖原有六尊，分别在福建湄洲、浙江宁波、马来西亚马六甲及台湾鹿港，后来因种种原因，目前世界上仅存一个湄洲妈祖本尊，这就是分灵到鹿港的鹿港妈祖。由鹿港天后宫分灵分香出祖的大庙宇遍及台湾及世界各地，多达两千座，终年香客络绎不绝，每逢农历一月至三月间的进香旺季，更是人潮汹涌，水泄不通。

### 4. 台南大天后宫

大天后宫俗称台南妈祖庙，建于清康熙二十三年（1684），原为明宁靖王府邸，是郑成功之子郑经为了表示对宁靖王朱由桂礼遇而建。后来清将施琅率军攻占台湾，将平定之功劳归于妈祖，于是在宁靖王府内供奉妈祖且改名为天后宫，扩建为巍峨宏大的妈祖庙。大天后宫历经了数次整修，在 1985 年以其历史与文化地位被列为第一级古迹。大天后宫在台湾数百座妈祖庙中，具有贵族般的尊贵地位，是台湾第一座官建妈祖庙，也是唯一列入官方春秋祭典的妈祖庙。庙中塑像、雕塑皆出自名匠之手。古匾、古联之珍贵丰富更是全台庙宇少见。

大天后宫为三进门式。透过三进逐次升高的天井和房舍狭长的空间，可以遥见那香烟缭绕、金黄帷幕下的全身妈祖神像。妈祖慈眉善目，神态安详。两旁配祀千里眼、顺风耳二将的泥雕。两边的神龛里还供奉着东、西、南、北四海龙王和水仙尊王。该庙还有一个特色就是除了正殿的妈祖称为大妈外，还配有二妈、三妈的妈祖神像，但造型仅为大妈的一半，脸色为粉红色，两眼张开，与妈祖神像眼睑呈下垂状不同。

大天后宫各殿布置雅洁，具有古宫殿的气派，石雕、木雕的柱、窗、梁都有很高艺术价值。如宫中的柱子变化就很多，有圆柱、方柱、八角柱，上面刻写了不同字体的楹联。柱子底下安基的石础也有方形、圆形、八角形、鼓形、梅花形、莲花座形等多种变化，并且刻有各式各样的美丽浮雕。在第二进的后面有一个水井，称为龙目井，至今仍有甘泉。

台南大天后宫还有许多古碑、古匾、古联等珍贵的文物。据说单单古匾就有两百多块，平时无法全部挂出来。最宝贵的是雍正皇帝所赐的"神昭海表"、咸丰皇帝的"德侔厚载"、光绪皇帝的"与天同功"等御笔匾。还有三官大帝神龛上同治四年的"一六灵枢"匾，色泽乌黑，雕有云纹，书法俊秀，十分引人。古碑有施琅的《平台记略碑记》《靖海将军侯施公功德碑记》《重修天后宫增建更衣亭碑记》等八块。庙中还存有清代时期所铸的铜钟、香炉。

### 5. 澎湖天后宫

位于澎湖马公镇上的天后宫是全台湾省历史最悠久的妈祖庙，相传始建于明万历二十年（1592），迄今超过四百年历史。庙内雕梁画栋，刻工精细，古香古色，美不胜收。清康熙年间施琅上奏加封妈祖为天后之后，台湾的妈祖庙如雨后春笋建起。由于供奉来自大陆湄洲、泉州各地不同分灵，塑像面容着色有红面、乌面妈祖之别，唯独澎湖天后宫是钦封"天上圣母"，所以是独一无二的金面妈祖。

澎湖天后宫后殿藏有台湾最早的一块碑刻，上刻"沈有容谕退红毛番韦麻郎等"几个大字。据考，万历三十一年（1603），荷兰海军将领韦麻郎率舰侵入澎湖，在马公岛登陆，占领妈祖宫。当时福建金门守将沈有容率部赶来，谕荷人退出。这是中国政府第一次在国际上表明澎湖（和台湾）是中国神圣领土，不容侵犯。后来郑成功东征逐荷、施琅收复台湾，都曾在妈祖宫及其附近驻军。清廷统一台湾后，赠赐"神昭海表"匾一方，并遣礼部郎中雅虎前来此宫致祭，重修庙宇。此后，中法战争、甲午海战以及第二次世界大战时发生于台湾海峡的若干战役，都与这座庙宇或多或少有点关系。因此，这座天后宫可说是全台湾最著名的古庙之一。

每年农历三月廿三妈祖神诞日，澎湖天后宫都要举办大规模的妈祖海上绕境活动，借以祈求风调雨顺，阖家平安。

### 6. 开台天后宫

位于台湾省台南市安平港，专门供奉护佑郑成功的"护军妈祖"，为台湾岛上历史较为悠久的妈祖庙之一。建于清康熙七年（1668），为迎取福建湄洲岛妈祖神像而建，建时称安平妈祖庙。1683年妈祖被敕封为天后，安平妈祖庙遂被改为开台天后宫。现台湾有许多妈祖庙内的妈祖神像均是从此庙中分灵出去的。

开台天后宫于1962年重建。1990年宫内曾发生大火，但三尊妈祖像安然无恙，以后再次重建，于1994年完工。安平开台天后宫现有的建筑主体具有现代建筑的架构，正殿装修华丽，雕梁画栋。正中央供奉大妈、二妈及三妈三座软身雕像，每尊高约四尺，如同真人一般。在宫外的墙上，用石材刻上了许多有关郑成功的故事。

### 7. 鹿耳门圣母庙

鹿耳门圣母庙位于台湾省台南市安南区，为台湾省规模最大的妈祖庙，五座巍峨神殿，仿北京紫禁城宫殿式建筑，规模宏伟，常年香火鼎盛而且历史悠久。每年的庙会更是吸引数以百万计的民众前来朝圣。

鹿耳门圣母庙有四百年的历史。传说中郑成功来到台湾，他的船没办法进来，潮水不够。最后他坐小艘船来到鹿耳门港看到鹿耳门妈祖，他就向鹿耳门妈祖恳求，能不能助他潮水让他的船能够进来。忽然间很短的时间涌来三次潮水，让他战船顺利进港，收复台湾。

### 8. 马祖天后宫

位于台湾省马祖区内南竿岛西方的马祖港边，庙内供奉妈祖，左右陪

鹿耳门圣母庙

祀有千里眼与顺风耳。相传昔日孝女林默娘投海救父，背负父亲的尸体漂流至南竿岛，当地的居民厚葬于此，并建庙祀奉庙中央的石方及棺木遗迹，为感念此事迹，此岛遂称为妈祖（后来军队驻守妈祖，觉得名称较柔弱，去女字边，才改称"马祖"，即马祖岛命名之由来）。清康熙时谥封妈祖为天后，又称"天后宫"，为当地的信仰中心。每年的农历3月23日妈祖诞辰纪念日，迎灵绕境，是当地民间重要祭典日。

国外妈祖宫庙

东亚和东南亚的妈祖宫庙，主要与中国和这些地区的海上航行与海上贸易相关联而建起，也是中国文化向这些地区辐射的结果。

东亚日韩，承续汉文化，对妈祖也极信奉，尤其是日本，视妈祖为海上神灵，不敢亵渎，嘉靖年间（1522—1566），福建沿海遭倭寇骚扰，贤良港民居尽被焚毁,独妈祖祖祠倭寇不敢侵犯,此为典型例子。

南洋各处华侨膜拜的妈祖称天后圣母或天上圣母,闽俗称妈祖,粤俗称婆祖,南宋明清以来,闽粤两省航海家一到南洋,常建简陋的亚答屋以资登岸时休息,在亚答屋中就供奉妈祖朝夕祈祝。后来华侨人数较多,贸易旺盛,资力渐富,就鸠资兴建巍峨宫殿,专奉妈祖海神。特别是广东、福建会馆,都供奉妈祖。

世界其他地区的妈祖宫庙,则主要为华人带去,也是中华文化向世界延伸的象征。以下列举数座宫庙。

1. 日本长崎兴福寺妈祖堂

兴福寺俗称南京寺,位于长崎市寺町(东明山)4番32号。始建于日本元和六年(1620)。由三江帮(指除中国广东、福建两省以外的旅日华侨)所建。有大雄宝殿、妈祖堂等建筑。此寺属临济宗。该寺一直至第九代都是由中国来的高僧担任住持。大雄宝殿的正殿是纯中国式建筑,妈祖堂中央祀妈祖。

2. 越南胡志明市天后宫

又称穗城会馆,位于西贡的华人区,是当地华人的信仰中心。始建于清乾隆二十五年(1761),大殿正中祀妈祖。采取中国古代建筑方式,砖墙不露缝,庙内外有很多彩色鲜艳的陶饰,取材于中国典故。天后宫是胡志明市华人庙宇最宏大、最古老、最具历史文化价值的古迹之一,保存着许多珍贵文物,如中国清乾隆六十年铸造的铜钟和铜香鼎,清嘉庆五年(1800)悬于庙内中殿上的大型牌匾"含宏光大"等。

3. 新加坡天福宫

坐落在新加坡直落亚逸街,华人称这里为源顺街。始建于1839年。天福宫建筑群为正统中国闽南风格。其平面总体布局为两院落三进殿,外加左右回廊与两厢配殿,格局严整,规模壮观。前殿山门临街,前廊一对精雕盘龙石柱,支撑着飞檐斗拱和画栋雕梁。门额上悬挂"天福宫"竖匾,两边雕刻两对飞天人物造像。大殿用四中柱分隔为三开间，前为敞口，后置神龛，主祀妈祖。天福宫是新加坡著名的一座华人宫庙，1973 年被列为新加坡国家保护的古迹。

4. 马来西亚槟州琼州会馆天后宫

原在马来西亚槟州槟城义兴街，始建于 1886 年。1895 年移建于南华医街。最早称天后宫，1925 年改称"琼州会馆"。1995 年琼州会馆一百周年时重修。会馆与天后宫合二为一，祀妈祖。

5. 日本横滨中华街妈祖庙

中华街妈祖庙始建于 2005 年 3 月。当时横滨侨界组织斥资十亿日元，从日本一著名房地产公司购回相关地皮，专门用于兴建全日本最大妈祖庙，由日本华裔、横滨中华街建筑总设计师中山严先生担纲设计，不仅与中华街整体建筑和谐统一，而且参照海峡两岸妈祖庙规制，采用中国传统宗教建筑八角形风格。

# 诗词与楹联

浏河天妃宫既是供奉妈祖的神圣殿堂，也是人民心目中景仰与游览的宝地，历来为文人骚客青睐，留下了许多佳篇丽作。这些作品，既有讴歌天妃娘娘的，也有颂扬天妃宫阙的，还有连及与天妃相关的名人轶事的，值得吟诵，值得玩味，也值得学习。下面所发，既有古代的，也有当代的，既有直接的，也有间接的，但仅为我们所见之一部分，珠遗玉漏，在所难免。

## 古代诗词

### 天妃宫

〔元〕杨维祯

海国神风捷可呼，绿林邀福苦相污。

片帆尚借周郎力，护得青龙到直沽。

《百城烟水·太仓》（江苏地方文献丛书本）

东海谣 奉送宋太监降香海上天妃庙

〔元〕宋沂

东海鲤鱼摇赤尾，舳舻尽发江南水。

帆樯出没蛟鼍窟，灵雨神风劳帝子。

紫衣使者麾金幢，麒麟煖玉隐天香。

元君画下翠旗湿，百灵冉冉天吴立。

使君骑马历东吴，吴中父老争迎趋。

自言春涛漂白骨，官家下诏复征役。

今年陇亩秔稻空，县官索租到疲癃。

丁男登山拾橡栗，妻孥含酸向人泣。

使君北来候神人，应怜赤子百忧集。

明年海若不扬波，君归宣室当如何？

《草堂雅集》卷八（中华书局杨镰等整理本）


天妃宫留题

〔明〕陈蒙

玉殿玲珑妥圣妃，海洋楼橹悉皈依。

日临华盖明金榜，云入珠帘护宝衣。

雉扇欲随双凤舞，鱼轩曾从六龙飞。

凌风环珮游何处？昨夜岨山梦雨归。

明弘治《太仓州志》卷十上"诗文"，

缪荃孙光绪《汇刻太仓旧志五种》本


天妃宫行

〔明〕倪谦

神仙家住蓬莱岛，风景清幽四时好。

玉花琪树紫烟生，十二楼台卿云绕。

扶桑日出唱金鸡，月明沧海来青鸟。

不知寒暑换春秋，一任阴阳送昏晓。

古木参天有凤栖，落花满地无人扫。

此中随意乐优游，物外无心事机巧。

世间万虑总相忘，自是后天长不老。

几度曾餐王母桃，于今再食安期枣。

兴来一曲奏霓裳，飘飘仙乐知音少。

我亦三山会里人，尘事羁縻未能了。

矫首仙乡东海东，弱水悠悠数峰小。

会当跨鹤御清风，还访蓬莱拾瑶草。

明弘治《太仓州志》卷十上"诗文"，

缪荃孙光绪《汇刻太仓旧志五种》本

## 次韵倪尚书《天妃宫行》

### 〔明〕陆景

海门一水连三岛，玄宫独数灵慈好。

文皇在御赐褒崇，金额煌煌彩云绕。

苍松树古偃虬龙，翠竹丛深栖凤鸟。

洒然可有仙人居，层城十二清风晓。

洞天深锁碧窗寒，满地落花香不归。

一山高叠青峨峨，玲珑妙夺天公巧。

羽仙双瞳秋水光，遐龄直与天地老。

金母曾分似盘桃，安期尝啖如瓜枣。

我亦玉皇香案吏，胸次廓落机心少。

锦袍天了承恩归，自喜平生事应了。

培塿西窥泰华卑，杯盂东视沧溟小。

何时同醉碧桃春，浩歌一曲眼芳草。

《百城烟水·太仓》(江苏地方文献丛书本)

## 送杨鍊师归太仓住持天妃宫

〔明〕刘吉

吾闻太仓天妃宫，乃在三泖之北、昆山之东。

穹楼杰阁倚霄汉，绣户珠帘云雾中。

其内何所有，景物佳且秾。

四时瑶草带春色，千年白鹤栖寒松。

其外何所见，海气常濛濛。

半夜晨鸡犹未鸣，下视扶桑初日红。

仙人广成子，挟彼双玉童。

飘流来遁迹，飚驾驱虬龙。

伟哉杨鍊师，赋性敏且聪。

丹砂宝诀得口授，紫河车挽能心通。

果然颜色桃李花，两袖轻举如飞鸿。

竭来赴神京，周游八极空。

稽首谢玉帝，微生荷帲幪。

爰归海峤祝圣寿，千载万载无终穷。

唯时蓟门霜乍寒，白云红叶映远峰。

邮亭别我一长揖，鸾驭南去心雍雍。

我思尘鞅不可留，金光琼蕊无由逢。

何时脱屣世间事，相往蓬阆探奇踪。

明弘治《太仓州志》卷十上"诗文"，

缪荃孙光绪《汇刻太仓旧志五种》本

庚申中秋，子敬闻余经东海，时有小疾，不得相从，作诗送行。

十五日宿天妃宫，风雨不寐，因怀子敬作

〔明〕归有光

海天楼阁近瀛洲，秋水恋君不共舟。

长夜波涛乱风雨，轩中清梦定来游。

明崇祯《太仓州志》卷十四"艺文"上，

崇祯十五年钱肃乐定刻本

自刘家河将出海口风雨还天妃宫（二首）

〔明〕归有光

其一

到海忽雷雨，高云起崔巍。

纷披船幕湿，错落酒杯飞。

波浪半天黑，神龙助风威。

探遐方未极，初意遂已非。

无缘觐海若，稽首乞天妃。

愿为一日晴，令我揽光辉。

其二

八月尚徂暑，白露未为霜。

云物结蒸郁，雨执恣淋浪。

江水竞飞溢，螭龙争回翔。

金枢浴大明，此夜不可望。

极目观冥涨，天际何微茫。

直恨非西风，吹我到扶桑。

明崇祯《太仓州志》卷十四"艺文"上，

崇祯十五年钱肃乐定刻本

### 和王叔祀善天妃，有雪

〔明〕袁凯

酒正初传内府醪，南来河伯避行舠。

百年祀事崇邦典，半夜神光出海涛。

花散晓风纷烂漫，礼成春殿肃清高。

圣躬端为苍生祷，不比乘槎汉使劳。

乾隆《镇洋县志》卷十三艺文下（南京图书馆藏本）

### 林则徐题联刘河镇天后宫

清梁章钜《楹联续话》卷一载：因督浚刘河，小憩刘河镇之天后宫，题联云：

八百年寰海昭零，溯湄屿飞升，九牧宗风荣庙祀；

四万顷具区分派，喜娄江新浚，三吴水利沐神麻。

### 海运

〔唐〕杜甫

渔阳豪侠地，击鼓吹笙竽。

云帆转辽海，粳稻来东吴。

### 娄江馈饷

〔元〕马麟

海波不动绝奔鲸，万斛龙骧一叶轻。

三月开洋春正好，南风十日到神京。

### 刘港潮头

〔明〕高宗本

百万鲸鳌出海奔，潮头汹涌大江浑。

雪山平地涌云起，银浪滔天蔽日昏。

鳅鳘尚含鸠九恨，鸥夷不散楚忠魂。

一米又过唯亭上，奎壁谁应受主恩。

## 娄江夜泊

〔明〕陈伸

古娄江上浪掀空，万斛楼船苇叶同。

蜃气嘘洋掩明月，龙雨度淮乘疾风。

原宪蓬居舒一笑，杜陵茅屋卷三重。

鸡鸣朝起寂无事，海上日高千丈红。

## 天妃闸

〔清〕吴廷桢

断堰锁崔嵬，奔流下石隈。

势吞淮甸尽，声撼海门开。

水气晴吹雨，天风夕送雷。

扣舷惊绝险，谁是济川才。

注：天妃闸，亦称刘河大闸。康熙江苏巡抚马祐奉旨建造。邑人黄与坚有《刘河大闸记》。《晚晴簃诗汇》卷五十六（中华书局本）

## 天妃闸观潮

〔清〕张绍祖

落日平沙外，镕金捅乱流。

长驱白马下，恍惚巨鳌游。

雨露来三岛，风雷走十洲。

遗珠经劫尽，万弩白空投。

澎湃蛟龙怒，奔腾日月浮。

去来存大信，呼吸遍神州。

寄语乘槎客，烟波世上愁。

## 过太仓

〔元〕谢应芳

杨柳溪边系客槎，桃花雨后柳吹花。

东南地角环沧海，日夜潮声走白沙。

市舶物多横道路，江瑶价重压鱼虾。

天妃庙下沈玄璧，漕运开洋鼓乱挝。

《龟巢集》卷二（四库全书本）

## 昆山谣·送友人

〔元〕郭翼

吴东之州娄东江，民庐蠢蠢如蜂房。

官车客马交驰横，红尘轧投康与庄。

鸡鸣闹市森开张，珠犀翠象在道傍。

吴艎越舰万首骧，大帆云落如山崩。

舟工花股百夫雄，蛮音獠语如吃羌。

水仙祠前海茫茫，鱼鳖作道虹作梁。

龙堂贝阙当中央，灵女媛歌吹笙簧。

冯夷伐鼓相铿轰，或乘飞龙下沧浪。

大樯小樯火流光，翠旃摩云互低昂。

左驱勾陈右揽枪，天子锡命下南邦。

重臣下拜灵慈宫，太平无象跻成康。

吾州富庶文物昌，厥田下下赋下上。

……

《林外野言》卷下（四库全书）

按：刘家港素为"吴门"，元末明初是一个重要的口岸，外来人员多由此进出。从此诗的描述中，可知当年六国码头的繁盛景象。

## 天妃宫海棠

〔明〕黄姬水

仙观台荒蔓草中，海棠一树大增红。

可怜亦是星槎物，不学葡萄入汉宫。

《姑苏采风类记》卷九（小方壶斋方舆丛钞本）

## 西域海棠

〔清〕姚承绪

在天妃宫。明永乐中，太监郑和携归。

名花移植自西来，艳体诗成赋玉台。

天为红妆留别种，人经沧海觅仙荄。

琳宫得地酣娇态，绝域回春醉酒杯。

好共绯桃争国色，东风吹下绿阶苔。

《吴趋访古录》卷八（江苏地方文献丛书本）

## 通蕃事迹石刻歌

〔清〕萧抡

石在刘家港天妃宫壁，明宣德六年正使太监郑和、副使太监朱良、都指挥朱珍等立。

金支翠旂双玉虬，灵妃缥缈飘云斿。

筑宫祀神颂神德，通蕃事迹前朝留。

167

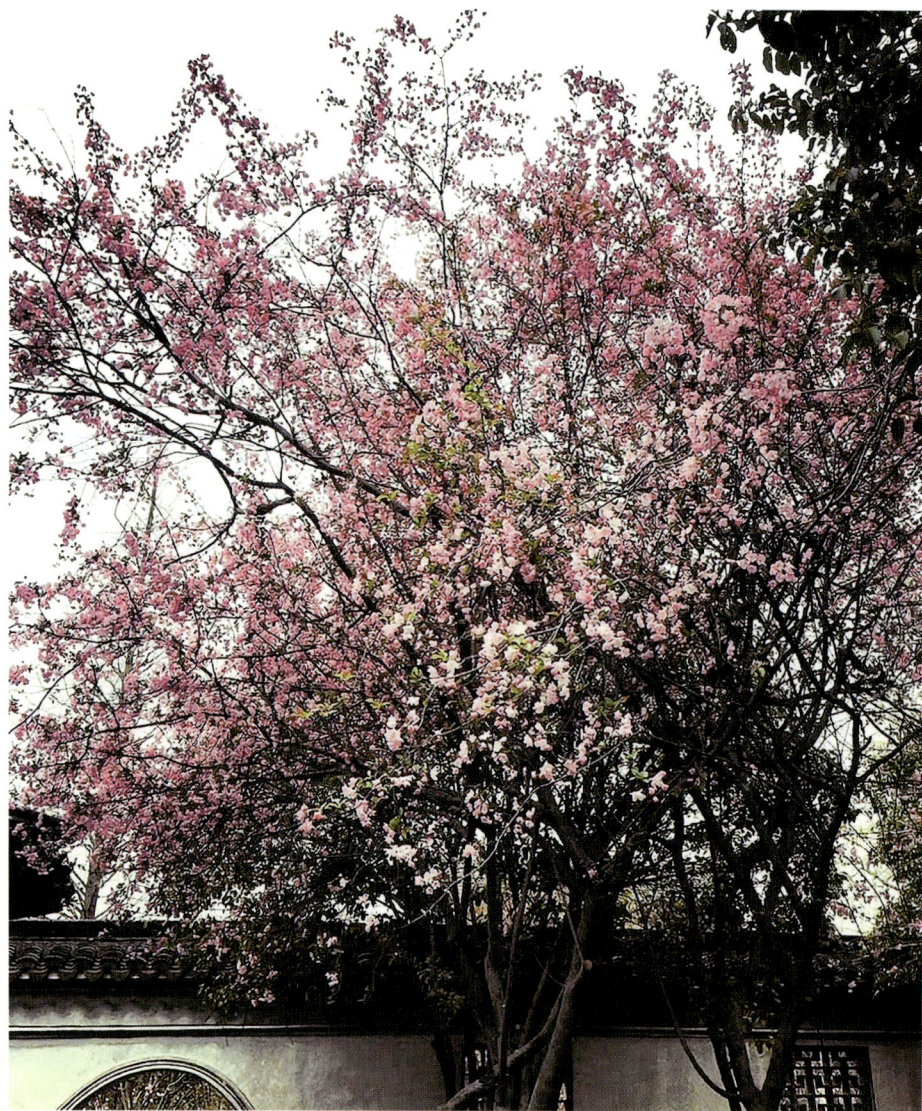

天妃宫海棠

是时成祖继大统，囊括六合朝诸侯。
舆图思辟苏禄国，正朔远被扶南洲。
柯枝阿丹尽向化，瓜哇古里咸怀柔。
表文金叶呈瑰丽，使臣拜舞丹螭头。
麒麟神物亦充贡，驼鸡角马喧长楸。
纳姑妹珍讵足数，白狼槃木宁堪侔。
不知何德能致远，万里乃遣中瑠求。
观军容使乘楼舰，伏波将士修戈矛。
扣刀光压鲛人室，传箭风清蜃母楼。
龙伯羽民各惊怖，扶桑若木穷采搜。
灵妃况复能助顺，神灯鬼马如同仇。
组系名王献太社，手擒逋寇清荒陬。
几回下濑兵势振，鲸奔鼍骇空啁啾。
谁怜风涛将吏苦，且喜职贡梯航修。
我闻在昔太平世，占风测雨知天麻。
越裳南服重九泽，远奉白雉朝西周。
圣王盛德八荒服，逾昆越海输共球。
招徕讵假博望节，转战不劳荀彘舟。
一从旅獒戒前事，太保动色陈王猷。
不贵异物贱用物，珍禽奇兽圣所尤。
何为远迹涉瀛海，频年使者星槎浮。
千城岂无卫霍辈，将兵乃用貂璫流。
内官预政昔有禁，高皇垂训严春秋。
似闻王师靖难日，惠宗左右通阴谋。
泊登大宝念诚款，心腹之寄任渐优。
如和如良本厮养，鹰犬小效聊一收。

岂知监军成故事，后来帷幄专运筹。

首坏家法任奄寺，厉阶驯致王与刘。

履霜坚冰此其象，摩挲片石心烦忧。

江山既改遗烈尽，谁图王会陈韇鞻。

灵妃庙下一怀古，麻姑同此沧桑愁。

东望当时放洋处，海云黯淡风飕飗。

《娄水琴人集·樊村草堂诗集》（清道光刻闲有余斋藏本）

## 当代诗词

### 浏河天妃宫抱柱联

王君麓撰　徐梦梅书

七次下西洋破浪乘风刘家港口扬旌麾，

盛名传后世铭碑雕像天妃宫里纪功勋。

　　注：此联为1983年纪念郑和下西洋580周年时所写，时天妃宫后殿楼为郑和纪念馆，此联挂大殿正中两柱。2015年，在天妃宫西南角建造三宝亭后，此联移挂两亭柱。

### 天妃宫偶作

熊召政

只为元朝糟，天妃建太仓。

娇颜平虏浪，纤手护舟航。

千帆输麦豆，三宝下西洋。

风流难再续，无处望帆樯。

### 七绝·天妃灵迹（二首）

#### 龚道明

天妃踏浪着红绸，安助生民四海游。
十亿同祈声震地，风平台峡早归舟。

#### 钱进才

布帆扬处且回看，前有遥途不道难。
海上风云多变幻，天妃慈目送平安。

### 七律·天妃宫（二首）

#### 子愚

曾经庙袅一炉烟，宠辱危存七百年。
昔送郑和官夹道，今供妈祖梦回天。
西洋路转暮云下，中国门开红日前。
不信惊涛无远客，只缘此岸有神仙。

#### 黄莉英

天妃宫里袅炉烟，仙子端庄露笑颜。
丽质天香超脱俗，善良仁爱保安然。
渔民出海虔诚拜，百姓谋生上界怜。
每得满舱抬上岸，心中感德谢神禅。

### 七绝·桥

#### 黄匡

一衣带水喻相邻，衣带名桥有远因。
喜娘随父学唐艺，天妃宫畔馈丝巾。

## 刘湄春色

### 龚国澄

寻芳几日踏江沙，柳岸初惊迸草芽。

两点纤纤三点雨，五枝飏飏十枝花。

歌声夜绿天妃庙，曙色朝红玉女家。

港埠樯桅迷紫燕，黄鹂百啭竞风华。

## 浏河古镇风情

### 周彩萍

趁闲得便我来游，自觉风情属一流。

杨柳依依漕运渡，夭桃灼灼镂花楼。

郑和舟楫播远名，妈祖宫墙经岁幽。

守得前朝遗韵在，寻芳揽胜思悠悠。

## 清平乐·浏河天妃宫

### 焦桐

神灯挂处，云淡波平路。

万里海天从容渡，回首乡关日暮。

金钩玉带何踪，重楼彩塑临风。

西域海棠又绽，香烟幻化腾龙。

## 江城子·浏河古镇

### 刘建设

海头江尾美食香，靠长江，太仓乡。

馆民居，前店后宅房。桥洞小船流水长，江南韵，水乡光。

虔诚香客敬妃娘，点高香，祷安康。

魂绕梦牵，游子泪成行。古镇廊桥长窄巷，浏河镇，望家乡。

## 东风第一枝·浏河颂

### 葛为平

紫气东迎，收江面海，西洋七下威远。千千渔棹开天，六国码头唱晚。天妃垂佑，风水地，万民勤勉。出落得，韩郑吴朱，浇铸澛漕名片。

天未老，复兴图变。情未央，初心克践。修齐明德人家，郅治滨江村甸。香街古镇，杏柳处、画桥飞燕。问只是，商贾环球，望月怎收乡恋。

注：韩郑吴朱即南宋名将韩世忠、明航海家郑和、核物理学家吴健雄、画坛宗师朱屺瞻。

## 念奴娇·刘家港怀古

### 宋宝麟

大江东进，艇生曲，高奏东方刘港。畅想当年，帆蔽日，樯橹如林物广。碧眼金须，人来五色，贸易繁荣旺。东南西北，几多商贾来往。

妈祖神庙怡文，记西洋七下，东舟西舫；二百余艘，谁可比，哥麦如知该怅。可叹规模，寥寥几只许，勿须宣讲。神扬船首，浩波犁出银浪。

注：哥麦，指哥伦布与麦哲伦。

# 大事记

北宋建隆元年（960）农历三月廿三日，妈祖（林默）诞生。

北宋雍熙四年（987）农历九月初九，妈祖升仙。

北宋宣和五年（1123），旅居娄江的闽粤海商建灵济宫于娄江口北岸五杨池（今龙王湾东侧），为浏地立天妃宫之始。始祭妈祖林默为灵济夫人。

南宋绍兴二十六年（1156），敕封为灵惠夫人，灵济宫得以修缮。

庆元四年（1198），加封为灵惠妃，灵济宫改名为灵惠宫，又捐资整治。

元至元二十三年（1286），朱清、张瑄于刘家港创海运漕粮，平江路总官朱霁奉旨移建天妃宫于原址右侧。

元至元二十六年（1289），海运漕船遇险得灵惠妃神助而获救，朝廷册封妈祖林默为"护国显祐明著天妃"，遂改灵惠宫为天妃行宫，简称天妃宫。这是天妃宫称谓的正式开始。

元至正二年（1342），江浙行省参知政事燕山图鲁移地于原灵慈寺废址，重建天妃行宫。

明宣德五年（1430），郑和等于第七次下西洋前夕，勒石"通番事迹之记碑"于天妃宫正殿壁中。植"西域海棠"（西府海棠）于前庭。

明嘉靖四十年（1561），倭患肃清，苏松太兵备副使熊桴捐俸赎买被侵宫地，筹资重修天妃宫，金塑神像。

清康熙二十一年（1682），收复台湾，海疆平定，清廷以为天妃神助，于二十三年（1684）加封林默娘为"护国庇民昭灵显应仁慈天后"，敕令天妃行宫改称天后行宫（习称仍为"天妃宫"），大治宫宇。

清康熙五十一年（1721），文渊阁大学士、礼部尚书王掞回乡，捐资于天后行宫右侧建太仓州城隍行宫，俗称老镇城隍庙，为今天妃宫配殿之始。

清乾隆五年（1740），诏谕海滨各邑遍祭天妃。官民乃集资于乾隆八年（1743）重建天后行宫。

清乾隆三十年（1765），通州船商刘氏与吕四船商彭氏等于新镇墅沟口，另建天后行宫，规制类同于刘河老镇行宫。

道光十四年（1834），林则徐任江苏巡抚，主持重修天后行宫。

咸丰十一年（1861），天妃宫遭兵祸毁损。

同治七年（1868），本镇绅商张镜清等捐资重建。

光绪元年（1875），正殿遭遇火患，后又修复。

宣统三年（1911），正殿再次失火焚毁，后殿楼幸免于难。

1925年"五卅惨案"发生后，7月14日，浏河各校师生借天妃宫演剧三天，募款救济上海失业工人，援助上海工人的罢工斗争。

1934年，里人张德肇、傅一清等十六人捐资重修后殿楼、山门等，但正殿未能重建。

1937年，抗日战争全面爆发，宫中珍藏的八幅天后出世图和百余艘木雕小船全部失散。

1985年，为纪念郑和首下西洋五百八十周年，浏河天妃宫后殿楼修葺恢复，内设郑和纪念馆。

1992年，太仓县人民政府批准天妃宫为道教活动点，并开始接受香火。

1995年，天妃宫被江苏省人民政府列为江苏省重点文物保护单位。

1997年，天妃宫被中共江苏省委宣传部列为"江苏省爱国主义教育基地"。

2004 年 9 月 10 日—15 日，苏州博物馆考古队对天妃宫寝殿南面的大殿遗址进行为期五天的考古钻探调查与发掘工作。

2005 年，纪念郑和首下西洋六百周年，根据苏州博物馆考古队发掘勘测，复原正殿遗址。

2009 年 4 月 18 日，为庆祝妈祖诞生一千零四十九周年，天妃宫举行隆重的妈祖祭祀活动。

2009 年 11 月，恢复浏河天妃宫的历史原貌，并成立太仓市天妃宫管理委员会。

2010 年 5 月 6 日，为庆祝妈祖诞生一千零五十周年，天妃宫举办隆重的妈祖祭祀和妈祖巡街活动。

2011 年 4 月 30 日，天妃宫举行修复开放暨妈祖神像落成开光典礼。

2013 年，天妃宫被国务院列为全国重点文物保护单位。

2015 年 7 月 8 日—12 日，举行"妈祖缘、两岸情"（太仓—台湾）海峡两岸妈祖文化交流五周年活动。

2016 年 1 月，浏河天妃宫于每年农历三月廿三日和九月初九的庙会祭祀活动"庙会（妈祖祭）"，正式录入江苏省级非物质文化遗产项目。

2016 年 3 月，投资一百五十万元的天妃宫内部环境提升改造工程完工。

2016 年 10 月 9 日，举行"慈行天下，欢度重阳"海峡两岸宗教慈善周活动暨天妃宫山门殿神像开光庆典活动。

2017 年 10 月 28 日—29 日，举行以"江海一脉，孝传千载"为主题的海峡两岸妈祖文化旅游节暨天妃宫慈善周活动。

2018 年 4 月，实施天妃宫遗迹保护性修缮工程。

2018 年 5 月 8 日，举行纪念妈祖诞辰 1058 周年暨太仓—莆田妈祖缘、两地情祈福法会。

2018 年 10 月 17 日，妈祖羽化升仙纪念日，举行"妈祖文化同传承，海丝共绘新时代"——太仓·浏河海峡两岸妈祖文化旅游节暨重阳慈善周活动。

2018年，苏州市台办授予浏河天妃宫"苏州市对台交流基地"称号。

2019年4月27日，举行纪念妈祖诞辰一千零五十九周年暨第二届太仓·莆田"妈祖缘，两地情"庆典活动。

2019年7月26日，举行"两岸一家亲，共谱海丝情"——海峡两岸道教宫庙联谊活动。

2020年1月，天妃宫碑廊修缮工程竣工。

2020年10月25日，妈祖羽化升仙一千零三十三周年，天妃宫举行"妈祖缘，三地情"庆典活动。

2021年5月4日，举行第三届太仓·莆田"妈祖缘，两地情"庆典活动。

2021年10月，天妃宫书画院成立。

附录

# 一、太仓浏河镇天妃宫大殿遗址 考古调查情况汇报

根据浏河天妃宫周边环境整治方案专家论证会专家及江苏省文化厅、苏州文物局的意见，苏州博物馆考古队于 2004 年 9 月 10 日—15 日，对天妃宫寝殿南面的大殿遗址进行了为期五天的考古钻探调查与发掘工作。现将结果汇报如下：

## 一、考古调查情况

浏河镇志记载："元至正二年（1314）天妃宫始移地于原灵慈寺废址，重建天妃行宫"。又"宣统三年（1911）天后行宫主持不慎火，大殿焚毁"。大殿位置在现浏河镇天妃宫寝殿南面空地范围内。考古队进驻浏河镇，通过现场察看和向有关人员调查了解情况之后，开始选点发掘。结果发现大殿基址和相关遗迹。大殿基址仅保存前包檐（西南角）基础和北面后包檐局部基础（图 1、2），而东、西山墙基础均被后期破坏。在前包檐基础内侧还保留三块 35 厘米见方的大殿内铺地方砖（图 3）。在西山墙基础位置下留有一条用不规则的小砖铺砌的小路（图 4），推测原西山墙基础是堆筑在小路上的。由于大殿基址与现寝殿的中轴线一致，依据中轴线向东测量，

图 1　大殿南包檐（西南）基础

图 2　大殿北包檐基础

图 3　大殿前包檐内侧方砖铺砌的殿内路面

大殿东山墙基础位于现城隍庙西山墙下。说明城隍庙是在大殿废弃后才建造的。从揭露的大殿基础已知大殿开阔 15.2 米、进深 13.95 米。大殿后

图4　大殿西侧基础下的砖砌小路

包檐基础向北距寝殿 20.16 米（见天妃宫大殿遗址平面图）。

## 二、初步结论

依据考古调查材料结合文献记载初步结论如下：

1. 考古发掘出土遗物有元代筒瓦当与建筑部件（图5），明代滴水（图
6），康熙、乾隆通宝（图7）等。（见太仓浏河天妃宫大殿遗址出土文物标
本清单）。

2. 浏河镇志记载：天妃宫元至正二年（1314）移建于原灵慈寺废址。

图5　大殿遗址出土的元代筒瓦当

图 6　大殿出土的明代滴水与砖

图 7　大殿基础石缝内出土的钱币（康熙、乾隆通宝）

本次考古调查仅在基址上发现数块元代的筒瓦当，因而不能作为大殿基址为元代的依据。

3.从揭示的大殿基础为花岗岩石条与石条之间镶嵌的砖块等分析判断，基础的年代不会早于清代。地方志记载："乾隆五年（1740）重建天后行宫，大殿为无梁建筑，前殿置戏楼。"揭露的基础宽达八十厘米以及在基础条石缝中出土乾隆通宝钱币等综合分析判断，大殿基础建筑年代不会早于乾隆时期。

4.在1985年为寻找"通番事迹碑"，曾经在大殿废墟上"掘地三尺"（当时工程负责人张有材原话），挖出大量石条、柱础石、磉石等后被用于

图 8　1985 年在大殿废墟内挖出礤石与条石

图 9　大殿废墟出土柱础与苏州太平天国忠王府仪门柱础相同

图 10　大殿废墟出土柱础纹饰与苏州太平天国忠王府大殿柱础纹饰相近

铺路（图 8）。这些大多为大殿基础材料，其时代为清代。如柱础 A 形状同苏州博物馆大门门厅柱础（图 9）（据考证为乾隆）；柱础 B 纹饰同苏州博物馆大殿柱础纹饰相近等（图 10）。

综上所述已揭露的大殿遗址基础部分，其建筑年代当为清代乾隆以后。

## 三、建议

在遵循"中轴大殿不能恢复"专家意见的前提下，一方面对现已揭露的大殿基础部分进行加固保护，另一方面对不完整的大殿基础进行复原（含柱础部分）。具体请苏州太湖古建公司进行设计与施工。

苏州博物馆考古队

# 二、歌曲《天妃宫行》

## （莆商十音八乐原创出品）

作曲：陈良辉

作词：林建平

监制：许金平　张文表

制谱：莆商十音八乐

娄江潮头赛钱塘，通海门户数浏河。

江尾海头第一港，人间烟火入澛漕。

长天敛尽落霞红，高楼林立并西东。

一带寒沙秋水白，六国码头展雄风。

宣德年间永乐初，三宝太监下西洋。

七出奉使通诸国，海洋文化开先河。

天妃德泽佑郑和，七次起锚开洋地。

尤赖天妃神灵显，西域海棠进天朝。

千秋功业道不尽，妈祖文化传五洲。

天妃圣显佑天下，永载史册华夏名。

# 三、相关文献摘录

## 灵济庙事迹记

〔元〕程端学

唯天阴骘下民。凡涉大险，必有神物效灵以济之，若海之有护国庇民广济福惠明著天妃。是已，我朝疆宇极天，所覆地大人众，仰东南之粟以给京师。视汉唐宋，为尤重。神某睿算，肇创海运，较循贡赋古道功相万也。然以数百万斛，委之惊涛骇浪，冥雾飓风，飘樯失利，舟人隳守，危在瞬息，匪赖明神，有祷斯答，其罔攸济。故褒功锡命，岁时遣使致祭，牲帛礼秩，与岳渎并隆着在祀典。

去年冬，庆绍等处海运千户所达鲁花赤，前进士纳臣公至，官廉静易，简庶事毕理神庙，适迻治所，以累朝加封锡号之典，发祥降祉绩，未刻于石，惧久将湮，乃某诸寮案具本末，请记谨案。神姓林氏，兴化莆田都巡君之季女，生而神异，力能拯人患难，居室未三十年而卒。宋元祐间，邑人祠之。水旱厉疫，舟航危急，祷辄应。宣和五年，给事中路允迪以八舟施高丽，风弱其七，独允迪舟，见女神降于樯而免事。闻于朝，锡庙额曰"顺济"。绍兴二十六年，封灵慧夫人。三十年，海寇啸聚江口，居民祷之，起风涛云雾，神见空中，寇溃，获全州。上其事，封灵慧昭应夫人。干道二年，兴化大疫，神降曰："去潮丈许，有泉可愈疾民。"掘斥卤，甘泉涌出，饮者立愈。又海寇作乱，官兵不能捕，神迷其道，俾至庙前，乃就擒，封灵慧昭应崇福夫人。淳熙十一年，福兴都巡检使姜特，立捕台海寇，祷之，遂获封灵慧昭应崇福善夫人。既而民疫夏旱，祷之，愈且雨。绍熙三年，特封灵慧妃。庆元四年，瓯闽诸郡苦雨，唯莆三邑祷之，霁且有年，封灵慧助顺妃。时方发闽禺舟帅平大奚寇，神复效灵，我明彼暗，贼悉扫灭。嘉定二年，金人入淮甸，宋兵载神主，战于花黡镇，仰见神兵布云间，树灵惠妃旗，大捷；及战紫金山，复见神像，又捷二战，遂解合肥之围。封灵慧助顺显术妃。嘉定十年亢旱，祷之雨；海寇犯境，祷之获息，封灵慧助顺显术英烈妃。嘉熙三年，以钱塘潮决堤之艮山，祠若有限而退，封灵慧助显术英烈嘉应妃。宝祐二年旱，祷之雨，封灵慧助顺嘉应英烈协正妃。三年，封灵慧助顺嘉应英烈慈济妃。四年，转灵慧协正嘉应慈济妃。是岁又以浙江堤成，加封灵慧协正嘉应善床妃。景定三年祷，捕海寇得反风，胶舟就擒，封灵慧显济嘉应善庆妃。宝祐之封神之父母女兄，以及神佐，旨有锡。皇元至元十八年，封护国明著天妃。大德三年，以漕运效灵，封护国庇民明著天妃。延祐元年，封护国庇民广济明著天妃。天厉二年，漕运副万户八十，监运舟至三沙，飓风七日，遥呼于神。夜见神光四明，风恬浪静，运舟悉济。事闻，加今封庙"灵慈"。纳臣公言："至顺三年，余押运至莱州，洋风大作，祷之，夜半见神像，顿息。"其随感而应类此。

神之庙始莆，遍闽浙。鄞之有庙，自宋绍兴三年来远亭北。舶舟长沈法询往海南遇风，神降于舟以济，遂诣兴化，分炉香以归。见红光异香满室，乃舍宅为庙址，益以官地，捐资募众，创殿庭像设毕具，俾沈氏世掌之。皇庆元年，海运千户范忠暨漕户倪天泽等，复建后殿，廊庑斋宿，所造祭器。余既叙其事，乃作诗曰：

粤稽古昔，人道事帝，在传具陈。帝皞神芒。祀于世世，或君或臣。

洛神湘妃，爰以阴类，生人没神。婉婉天妃，捍患御灾，自其居室，祀于莆田。拯溺凑财，庙号肇锡，遂遍闽浙，鄞庙崔嵬。白世血食，济险驱疠，霁霪雨暘，擒贼解围。宋自灵慧，封十五更，曰夫人妃。迨我皇元，万斛龙骧，绝海达畿。东南庶邦，岛夷蛮商，献琛是职。波宴不扬，如履康庄，神惠孔硕，天子曰嘻。精意以享，毋怠毋斁。徽号四加，表此殊延，以报元功。鄞江洋洋，潮汐送迎。我作铭诗，刻石之贞，式昭无穷。

（载〔元〕程端学《积斋集》卷四）

## 重修灵慈宫碑

〔元〕郑东

海之利，天下其功用为最大。通舟楫济阻远迁货资之舌，虽地之相远若秦越，无乘车御马之劳，不踰旬日可坐而至矣。然天下唯海为险，况夫操不可持之器，而陵不可测之渊，其遇卒然之变，有非人力可得而御者，不有神之智力以相左右，其能克济者。我元运东南之米，取道辽海，缭绕万里而达、京圻，其亦远且艰矣。唯海神天妃有功于国于民者甚大。舟入大海汪洋之中，上天下水，四无畔涯，彼以眇然之身，谈笑而往无少怖畏总凝虑之心，神赖也。当大风疾至人，海水尽立，雷电交下，天日尽暝，同舟人之对面不辨颜色，穷蹙危殆，叫号于神，神之樯之火烨如大星，众叩头再拜，举手相贺，如得更生。其御负捍患者，此神之得，祠亦宜矣。神夙昔着灵，至宋元祐间有功朝廷，始立祠于其地。圣堆阙后，灵迹日益显赫。凡东南并海郡县，悉皆置祠祀之。度至国朝，始锡额曰“灵慈”。昆山周泾有灵慈宫，大德间朱公旭所建也。因肇启漕道出入海水，屡尽神休，所以表者灵迹而为祈祷之地。当漕发之期，省臣及漕府长佐必躬祠下，得从以行。且以六牲以严祀，事春夏凡四至焉。皇帝岁遣使，函香贲临德意优渥，曰是宜宫祠修洁完好，幽以神明，祗待王命。至正十三年春，令漕府长托音公，始至祠下，仰见殿庑榱瓦彫弊，丹垩萧瑟，大惊曰："是虽主祠失人，亦有司之过也。"乃出公帑钞，计七千五百缗俾新之。主祠道士杨春泽用掌葺治，州郡长佑及远近富人，旨相先出钱以佐役。未几，旧屋皆完复，是以殿之东北为殿以安神，寝殿北为楼，以弸使节。至是宫之规制始备矣。初祠之立，实道士殷震亨主之。震亨卒，乏人，以浮屠摄焉。后，至元间，主以道士张德一公，乃访求道士之贤且才者，将俾之举废修坠，因得春泽。且以春泽实震亨之后，遂使之二主，是宫且定为甲乙相继无有交易，而春泽之勤敏，果能立事，又足以彰公知之明焉。公尽心漕政弥满周密，无有罅漏，及其政力于神，又复恳至且图久长，及神相漕事卒底于宁。虽其昭答国家典礼之隆，然亦出于敬诚感召之故。神人相与，其亦可信也。夫既记公事神之迹，又作迎送神之歌，使岁时歌以祀神。其词曰：

海之水兮实大以长，妃旦出兮无方。夕归来兮故乡，閟灵管兮莆之阳。编贝户兮珠房，女窈窕兮再旁。啾吹匏兮鼓簧，饮且食兮乐康。筑游宫兮娄浒，敞高堂兮疏户。云为车兮龙为马，妃倏忽其来下。荐广状兮丰黍，伐大钟兮贲鼓。方洋洋兮翟舞，柳逍遥兮容与载差看。蒸人斟酒兮我妃孔乐。无不有兮高涛山立，大鱼吼兮风吹，玄旗飒先后兮火流群樯，赤园斗兮舟人如林。命妃手兮磋我，欲留终不可久兮。

（昆阳郑冬撰，濮阳吴睿书并篆额）

## 敕赐天妃庙祭器记

〔元〕柳贯

海神之贵，祀曰天妃。天妃有事于海者之司命也。其别庙在吴越东北陬，盖漕府都府治。吴专海漕，岁运东南之粟三百万石京师，常以春三月，夏五月上旬之吉，开樯刘家港，乘便风不兼旬日达直沽口。舟将发，临遣省臣率漕府官僚以"一元大武致天子"禋祀之命，荐于天妃，得卜吉而后行。精神盼向，如父母之顾复其子，无少爽也。

至顺二年，岁在辛未，行省左丞买住公实董漕事，将祀之夕，会平章政事易释董公入觐道吴，因请公莅荐裸。翌日，公斋沐入庙，跪奠唯寅，顾见尊罍笾豆，践列参差，渭然叹曰："国家敬恭明神，洁蠲器币之意岂若是耶！"乃五年某甲子，上御兴圣宫，公奏事，次请更造天妃庙祭器仪式，以昭神贶。有旨即赐交趾所贡黄金饮盏、承盘各二；又内出白金五锭，为二百五十两，敕公董成。凡器籍置庙中，备常荐。六月辛未，公橐金还吴，具宣恩旨，漕府官僚望阙称谢。已发布公帑所储比年赐金五十两，总之为三百两，申饬金工准上供新制器品十二，香彝金盝各一件，其可名者合四十有九，匦而藏之平江府库，祭则出而陈之，其籍则系之漕府，而且稽其出纳焉。漕臣曰：唯右神圣制器，尚象而祭，办尤重致明诚达气，糅用其所贵，非徒物也。天妃之祀列在中，祠圣五十年，虽祭有常仪，而器不称物，犹待于大臣之论奏，皇上之垂仁，然后数周而礼备，使不文之金石，其何以彰君赐，格神庥？臣实畏惧，乃来请辞。臣某昔待罪礼廷，窃尝与闻明德恤祀之义，乃执笔书之，俾后有考。其诸器数，具列下方：（略）

（载〔清〕顾沅辑《吴郡文编》卷九十二）

# 天后宫记

〔元〕舍里性吉

黄元定都幽朔，岁募巨腹，函粟转漕，出岷江，直震方，睨鸡林，共干极，曾不逾时，登实天瘦。夫重溟荡潏，万里无际，当其霾曀敛藏，天宇澄穆，犹冲击震荡，若乃千纤云召阴，劲风起恶，洪涛腾沓，决帆摧橦，束手无措。虽有紫荆、鸟篓之栊，如以一丝引千钧于山岳震颓之地，重以冥礁残潭，触即瓦解，千夫怖悚，命在顷刻。于是吁呼天妃，应答如响，关景赫然，见于樯端。而舟中之人如婴儿之睹忧怙矣。每岁春二漕，行省官泊漕府，长贰帅僚属，以上命致祀于昆山新治之原庙，得吉兆以为行期。庙经始于至元壬辰，郡人朱旭捐周泾之私地五十二亩以基构焉。阅三年而栋宇以完，门庑殿寝，秩秩有严，众欲刻石，志久而未遂。某由浙东来董漕事至，共请记之。传曰：圣王之制，祭祀也能御大灾，捍大患，则祀之。又曰：山林、川谷、丘陵，鳟出云办风雨，现怪物皆曰神。释之者曰：云气非常见者也。今天妃神光景耀，易危就安，固已超山林、川谷、丘陵，而宜民弥患，有合于祀典者多矣。管窥蠡测，因究其所以然，谂诸来者，匪但誉幽灵，纪庙貌，以阿流俗，庶不悖圣贤之垂教云尔。

## 吴郡天妃庙迎送神曲并序

〔元〕黄向为

泰定四年春正月，海道都漕运万户府建天妃庙，吴郡移属官殷君宝臣，吴公汗杰昇教护，属功课章程焉。

天妃者，故兴化军莆田县湄洲林氏女，为神海上，威福卓著。凡驾海之舟咸怙为命，所至奉祠。宋熙宁以来号封以显。至于国朝区夏大同，百神受职。浙河东西，岁输粟京师数百万石，经途数千里，流道险艰，日进止一。唯神之听，否则危败立见，于今五十有余载。任部辖者，由一命以上，下及庶人在官，无有声色之骇，虽圣元如天之福，而神之功亦不可掩也。祠曹该请，累封"护国庇民广济明著天妃"。海春夏再起运，皇帝函香降祭，自执政大臣以下，盛服将事，合乐曲，列舞队，牲号祝币，视神渎加焉，其可谓无负于神矣。按礼，能御大灾则祀之，能捍大患则祀之。天下之险莫过于海，而河之若坦途；天下之计无重于民食，而运之若指掌，神实佑之。是在礼所应祭祀也。况漕输要冲，治府所在，庙貌之奉，尤为事宜。先是因前代之旧，寓祠于报国寺庑下，弗称展谒。府帅赵公贲莅事，长帅迷的失剌公及诸僚属，某用克协，得地九亩，够而营之，旧章氏家庙址也，乃弗废其祀。时参知政事张毅、张公友谅，实来督输，为之落成。于是，殿堂庑庭弘敞靓深，大称瘦居矣。府史玉彬亦与有劳焉。比竣事，吴郡复为之论列。以请其额。是年秋七月庙成，越三日已孩，府帅储郡官卒僚属奉安神像，葳祀报功，作《迎送神曲》以歌之。歌曰：

桂殿予兰堂，结绮梳予邃房；信美兮荪土，析木之野 兮吴之邦。龙为辀兮凤为马，篾丝兮压竹，舞苫兮献曲。五神兮四会，灵之来兮佑福。挚飓母予青丘。孰阳侯予敢怒，伎海若予要流。飔游万舸予翼如云骧，忽渺弥予依神之光。载困予载仓，维亿予维兆。谷之予粟之，王官兮帝里。噫！天子仁圣兮大波不扬，我臣报事兮维敬恭上。峨峨灵宫兮申命有锡，万年其承予帮家之祉。

泰定四年七月甲子，句章黄向为文，沂阳董复书丹，嘉兴吴汉杰立石。


## 天妃庙碑

〔明〕费元禄


天妃林氏，本闽着姓也。旧在兴化军宁海镇。即莆田县治八十里海滨湄洲地也。妃禀纯灵之精，怀神妙之惠。少能婆娑，按节乐神，如会稽吴望子蒋子文事。然以衣冠族，不欲得此声于里，闺间绝迹，栉沐自唱。而已，居久之俨然坐而逝，芳香闻数里，颇有灵验。见神于先后，宛若尤善司孕，嗣一邑共奉祀之。宋路允迪、李富从中贵人，使高丽道湄洲，飓风作，舟几覆溺、忽明霞散绮，见有人登樯竿旋舞，持舵甚力，久之获安济。中贵人诘于众，允迪、李富具列对南面拜谢曰："夫，此金简玉书所不鲸鲵腹，而能宣雨露于殊方重译之地，宝君纶不辱命者，圣明力哉，亦妃之灵呵护不浅也。公等志之。"还朝具奏诏封灵慧夫人，立庙于湄洲，致守香火百家，断朴梓材，舟艥张矣。我明成祖文皇帝七年，中贵人郑和和通西南夷，祷妃庙征应如宋归命，遂敕"护国庇民妙灵昭应弘仁普济天妃"，赐祠京师。尸祝者遍天下焉。

## 娄东小志
〔清〕傅振海

刘家港一地曾建有祀庙七座，为关帝、天妃、火神、雷祖、龙王、城隍和乡贤祠。但香火最旺的乃是天妃宫。清朝太仓州知州傅振海在他的《娄东小志》中，描述道："天后载入祀典，地滨江海，尤所崇信。浏河天后宫向系安徽人建，其规模雄壮，门柱均用楠木，取石磨之，粘而不落。游人多以是占体。咎中悬一额，历叙累代敕封。楼藏出身图八幅，历记慈航普渡灵迹，逢神寿则悬之，相传灵验异常。江艘海舶，每遇风涛颠簸，有不测之虞，望空叩祝借船，风即定。既出险，比刳木为小船，布帆铁锚悉具，鼓吹送庙，以偿借船。庙楼上堆积而不可辨者，盖不下百数。"

## 刘河纪略
〔清〕金端表

至元二十三年（1286），建天妃行宫于刘河北岸漕漕东，额曰"灵慈宫"。人咸称刘河为天妃镇。……至正二年（1342），天妃行宫被海潮漱啮，

192

日渐倾圮。奉旨重建于旧址稍西澹漕口，移宫其上，乃额曰"灵慈"；左有金拘，右有玉带，两河环卫宫基，有郑元祐记重建天妃宫碑文立石于宫内，即今之天妃宫是也。至此，凡三迁其宫矣。

昔天后行宫在老闸之东，元至正二年，迁宫于灵慈寺旧基之上。此基左右有两河，一曰金拘、一曰玉带；后有三泾，一曰朱泾、二曰桃源、三曰茜泾，朱泾居其中，以澹漕河联成一贯。南有灵慈寺，北有怀让寺，遥相照关。东一镇之旺气，为东南胜地。自明季倭寇之乱由大刘河，以及将刘河、朱泾、桃源三处居民踩成齑粉，房屋尽为灰烬。幸而天后管辖海道，为倭所敬奉，得以保全。是以国朝定鼎以后，刘河仅存一天后行宫而已。茜泾居于北，稍得偏安。迨康熙二十四年开海通商，居民遂集。而桃源、朱泾久成赤地。于是，茜泾、刘河遂中分为二；茜泾以今之广孝寺为主庙，刘河以今之天后宫为主庙。


## 镇洋县志

### 王祖畲

天后宫在浏河镇北澹漕口，旧名灵慈宫。元至正二年建，清乾隆五年重建，道光十四年江苏巡抚林则徐重修，光绪年大殿毁。

民国七年（1918）


## 太仓县志

### 县志编纂委员会

天妃宫坐落在浏河镇东市庙前街（即新东街），为我国明代航海家郑和下西洋的重要遗迹。天妃宫旧名灵慈宫，俗称娘娘庙，初建于元至元二十三年（1286）。明永乐年间郑和下西洋从刘家港起航，必先在此进香祈求航海平安，并于七下西洋结束后，在此立《通备事迹碑》，原碑久失，为纪念郑和和航海五百八十周年，由国家文化部和省文化厅等主管部门拨款重修天妃宫后楼大殿，1985 年竣工，辟为郑和纪念馆。

（江苏人民出版社 1991 年 9 月）

## 浏河镇志

镇志编纂委员会

宣和五年（1123），旅居娄江口闽粤海商于北岸五杨池（龙王湾）建灵济宫，始祭妈祖林默娘为灵济夫人。

庆元四年（1198），加封灵济夫人为灵惠妃，改灵济宫为灵惠宫，捐资整治灵惠宫。

至正二年（1342），江浙行省参知政事燕山图鲁移地于原灵慈寺废址，重建天妃行宫。

宣统三年（1911），天后行宫大殿焚毁。

（2002 年 11 月江苏人民出版社）

# 主要参考文献

《吴郡图经续记》，宋朱长文撰，宋绍兴四年（1134）孙佑苏州刊本。

《崇祯太仓州志》，明钱肃乐修，张采纂，2014年，广陵书社。

《刘河纪略》，清金瑞表撰，上海图书馆传抄本。

《直隶太仓州志》，清王昶纂修，古籍网影印本。

《太仓州志》，王祖畬编，1919年，古籍网影印本。

《郑和研究》期刊（季刊），江苏省郑和研究会、太仓市郑和研究会主办。

《古代刘家港资料集》，吴奈夫主编，1985年，南京大学出版社。

《太仓县志》，太仓县地方志编纂委员会编，1991年，江苏人民出版社。

《元明清时代刘家港的历史地位》，范金民、赵骥著，1995年，农业出版社。

《浏河镇志》，王鉴清主编，2002年，中央文献出版社。

《清代妈祖档案史料汇编》，2003年，中国档案出版社。

《郑和与江苏——江苏郑和遗迹考述》，邵磊、贺云翱著，《南方文物》2005年第3期。

《太仓港史话》，汪放、郑闰著，2008年，苏州古吴轩出版社。

《郑和》，陆静波著，2008年，西泠印社出版社。

《古港浏河》，王鉴清著，2008年，西泠印社出版社。

《太仓民间故事》，王大经著，2010年，西泠印社出版社。

《尔雅》特辑《浏河》，太仓图书馆编，2012年。

《郑和下西洋资料汇编》，郑鹤声、郑一钧编，2014年，海洋出版社。

《妈祖研覃考辨》，许更生著，2014年，西安出版社。

《浏河诗咏》，汪放、张炎中编，2015年，文汇出版社。

《浏河镇志》，焦桐执行主编，2017年，方志出版社。

《历史的真实——莆阳学者论妈祖诞生地》，主编林仙久，2017年，海峡出版发行集团，海峡书局。

《江苏太仓刘家港天妃宫创建时间与迁建原因考》，梁志平著，《中国历史地理论丛》2017年4月（第32卷第2辑）。

《浏河史料》，太仓市浏河镇人民政府编，2018年，江苏凤凰文艺出版社。

《元至明初的刘家港与海上丝绸之路》，赵琪著，《苏州科技大学学报（社会科学版）》2019年5月（第36卷第3期）。

《浏河诗咏》（当代篇），浏河镇人民政府太仓市诗词协会编，2020年。

# 后 记

  《浏河天妃宫》于 2020 年 7 月启动编撰，历时一年多时间，其间六易文稿，终于顺利付梓。

  作为一本融妈祖文化、历史文化、民俗文化、建筑文化以及文物古迹于一体的地方文化读本，本书全面展示了国家级文保单位浏河天妃宫的前世今生与救危纾困、积德行善的妈祖信仰。书中涉及的内容及相关资料，均在文化研究与地方志专家的悉心指导下，通过编撰会审、征求意见、集体讨论中综合而成。此外中华妈祖文化交流协会也对全书的初稿作了细致审阅，并发来了反馈意见。

  随着浏河经济社会的高质量发展，昔日的"六国码头"，现今的滨江田园城镇，需要我们对浏河的地方文化史进行梳理与总结，同时也为新时代的浏河文化建设寻求和发掘历史资源，推动地方文化的创新与发展。浏河天妃宫作为江南地区最古老、最负盛名的妈祖宫庙，不仅是台湾同胞、沿江沿海人们重要的信仰场所，更有其独特的历史价值，也是浏河地方文化的重要组成部分。本书虽非史学作品，但仍然有着为地方立传的功德与效应，有着将丰富的历史文化资源转化为新时代文化建设的动力，既是文脉疏理，也是道德功业。

  《浏河天妃宫》的编纂得到了浏河镇党委、政府的支持，得到了太仓市民宗局的关心，得到了汪放、张炎中等专家学者的审核与指正。在成书过程中，镇党委宣传（统战）委员朱学锋，镇人大副主席陈文贤积极协调各方力量和各类资源，浏河摄影协会的鼎力协助与无私奉献，使得本书图文并茂地呈现于读者面前，可谓水到渠成，深情一片。

由于编纂者目力所限，难免有疏漏和就舛误之处，尚请有关读者与专家谅解。

"文化兴则国兴，文化强则国强"，兹事体大，于斯为盛。

编者

2021 年 8 月

图书在版编目（CIP）数据

浏河天妃宫 / 太仓市天妃宫管理委员会编著 .— 北
京：文物出版社，2021.9
ISBN 978-7-5010-7215-6

Ⅰ . ①浏… Ⅱ . ①太… Ⅲ . ①乡镇—介绍—太仓
Ⅳ . ① K295.35

中国版本图书馆 CIP 数据核字（2021）第 193314 号

**浏河天妃宫**

编　　著：太仓市天妃宫管理委员会

装帧设计：长　岛
责任编辑：刘永海
责任印制：王　芳

出版发行：文物出版社
社　　址：北京市东城区东直门内北小街 2 号楼
邮　　编：100007
网　　址：http://www.wenwu.com
印　　刷：苏州市越洋印刷有限公司
经　　销：新华书店
开　　本：787×1092mm　1/16
印　　张：13.125
版　　次：2021 年 9 月第 1 版
印　　次：2021 年 9 月第 1 次印刷
书　　号：ISBN 978-7-5010-7215-6
定　　价：118.00 元